Der
deutsche Strafprozeß
und seine Reform.

Kritik und Vorschläge

von

Dr. Paul Köhne,
Amtsrichter.

Berlin SW.48
Wilhelmstraße 119/120.
J. Guttentag, Verlagsbuchhandlung.
1895.

I.

Macht und Wirksamkeit des Staates ist historisch und national verschieden. Die Staatsaufgaben werden bald weiter, bald enger gefaßt, je nachdem die Kulturentwickelung eine rasch fortschreitende oder eine retardirende ist, je nachdem auch andere Organisationen bestehen, welche dem Staate einen Theil seiner Thätigkeit in wirksamer Weise abzunehmen im Stande sind. Zu den ursprünglichsten Staatszwecken gehört der Rechtsschutz. Sobald nur aus dem Geschlechterverband der Herrschaftsverband sich auslöst, tritt an die Stelle der Blutrache, der Buße, an die Stelle vertraglicher Austragung von Streitigkeiten das imperium des Herrschers, die Justizhoheit des Staates. Und so sehr auch die neueste Entwickelung dahin strebt, den Staat durch Zwischenorganisationen zu entlasten, auch den Rechtsschutz durch schiedsgerichtliche Bildungen austragen zu lassen, so wenig will dies doch gegenüber der Gesammtthätigkeit der staatlichen Gerichte bedeuten. Der Schutz der Person in ihrer leiblichen Unversehrtheit, in ihrer Freiheit und ihren bürgerlichen Rechten, in ihrer wirthschaftlichen Machtsphäre je nach der geltenden sozialen Ordnung bildet die Grundlage und Voraussetzung aller staatlichen und individuellen Thätigkeit und Wohlfahrt. Erst wenn der Rechtsschutz ein zuverlässiger ist, ist ein kulturelles Fortschreiten durch individuelle und kollektive Arbeit möglich. Neben rein materiellen Bedürfnissen dient die Gerichtsbarkeit aber auch der Befriedigung eines sittlichen Postulats, welches tief in der menschlichen Natur begründet ist, dem Streben nach Gerechtigkeit. Kann die Idee der Gerechtigkeit infolge von Mängeln unseres Erkenntnißvermögens auch nicht in der Weise auf Erden verwirklicht werden, daß jedem Lohn und Strafe nach Maßgabe von Verdienst und Verschuldung genau zugemessen wird, so kann doch wenigstens der Grundsatz annähernd zur Geltung kommen, daß vor dem Gesetz alle gleich sind und die Bürger desselben Staates eine gleiche Behandlung erfahren.

Die staatliche Rechtspflege spaltet sich, je nachdem es sich darum handelt, Streitigkeiten Einzelner zu entscheiden oder Rechtsbrüche im Staatsinteresse zu sühnen. Im ersteren Falle greift der Staat nur auf das Ansuchen der Streitparteien ein, im letzteren übt er einen Akt der Nothwehr. Gewisse Zwischenstufen zwischen privat- und strafrechtlicher Justiz können hier füglich außer Betracht bleiben. Die Grenze zwischen Privatrecht und Strafrecht ist flüssig; sie rückt bald nach der einen, bald nach der andern Seite vor, je nach den jeweiligen Bedürfnissen des Staates. Der bewegende Faktor aber ist die Staatsnothwendigkeit: Wo die sonstigen Mittel zur Verwirklichung des Rechts nicht ausreichen, muß als letztes Strafandrohung und Strafe Anwendung finden. Dies ist von Jhering im Zweck in Recht*) in unwiderleglicher Weise nachgewiesen. Die Richtigkeit seiner Zweckstrafe, wenngleich vielfach, zuletzt noch von Heinemann (Ger.-Saal Bd. 9 S. 1ff.) bekämpft, ist bei historischer Betrachtung nicht zweifelhaft. Ein Beispiel statt vieler bietet die Behandlung des Wuchers. Seit Jahrhunderten gilt er als schimpflich, als moralisch verwerflich, als gegen die Gebote des Glaubens verstoßend, als der Staatsordnung verderblich. Dennoch ist er nur zeitweise und auch dann nicht überall mit Strafe bedroht gewesen. Sobald die privatrechtliche Ungültigkeit wucherischer Geschäfte in Verbindung mit der Verachtung, welcher der Wucherer anheimfällt, genügt, um den Wucher in engen und für das Gemeinwohl ungefährlichen Grenzen zu halten, so bedarf es der Hülfe der Strafjustiz nicht. Werden diese Grenzen überschritten, so greift der Staat zum letzten Mittel: er straft den Wucherer.

Unterscheidet sich mithin Privatrechts- und Strafrechtspflege dadurch, daß in ersterer der Staat seine Macht Privatpersonen zur Verfügung stellt, um diesen die Wiederherstellung ihrer verletzten Rechte zu ermöglichen, in letzterer der Staat seine Macht im eigenen Interesse, zur Aufrechterhaltung und Wiederherstellung seiner eigenen Rechtsordnung ausübt (vgl. Laband, Staatsr. 2. Aufl. Bd. II S. 343ff.), so kann nicht in Zweifel gezogen werden, daß die Strafrechtspflege eine höhere staatliche Bedeutung und Wichtigkeit für sich in Anspruch nehmen kann als die Privatrechtspflege. Dies

*) Vgl. Bd. I S. 474ff.

zeigt auch die Beobachtung. Länder, in welchen Zivilansprüche nur besonders schwer mit Staatshülfe durchgesetzt werden können, stehen nichts destoweniger in hoher Blüthe, wenn Redlichkeit im geschäftlichen Verkehr die Regel bildet; Länder, in welchen der Schutz von Leben, Freiheit und Vermögen gegen verbrecherische Angriffe nicht ein relativ hoher ist, vermögen zu blühender Kulturentwickelung nicht zu gelangen.

Mit der Wichtigkeit, welche eine gute Strafjustiz für das Staatswohl hat, mit ihrer Bedeutung für das Wohl und Wehe des Einzelnen kontrastirt eine gewisse Abneigung großer Juristenkreise, ihre Arbeitskraft derselben zur Verfügung zu stellen. Es ist eine bekannte Thatsache, daß viele der fähigsten und für ihr Fach begeistertsten Richter ihrer Verwendung als Strafrichter widerstreben, und wenn sie sie nicht vermeiden können, doch baldige Rückkehr zur Zivilrechtspflege wünschen. Es ist ebenso bekannt und unleugbar, daß eine große Anzahl der tüchtigsten und geachtetsten Anwälte dem Vertheidigerberufe möglichst aus dem Wege gehen und die Vertheidigung der auf der Anklagebank Sitzenden jungen oder minder skrupulösen Kollegen überlassen. Mag bei den Advokaten zum Theil der Grund darin liegen, daß dauernde Beziehungen zu verbrecherischen Elementen gewisse Unannehmlichkeiten im Gefolge haben, und daß leider der Verkehr zwischen Richtern und Vertheidigern im Laufe der letzten Jahre eine die Rechtspflege im höchsten Grade schädigende Schärfe angenommen hat, so müssen doch die Gründe, welche die gleichen Erscheinungen bei Richtern und Anwälten zeitigen, noch tiefer liegen. Allerdings findet ein gewisser Zudrang zu der dritten Kategorie der bei der Strafjustiz betheiligten Beamten — zu der Staatsanwaltschaft statt. Allein einmal hat diese Behörde erhebliche Verwaltungsfunktionen, fällt mithin insofern aus der Justiz überhaupt heraus, sodann ist dieser Zudrang wohl auch durch Aussicht auf bessere Beförderung, Beschäftigung in größeren Orten u. dergl. m. veranlaßt. Die Justiz vermag — abgesehen von ihren Zwecken und Zielen — dem denkenden Geiste in doppelter Weise schon als Thätigkeit Genuß zu verschaffen. Einmal nämlich durch die Bethätigung der Urtheilskraft, bei Zurückführung des einzelnen Falles auf allgemeine Regeln, durch Lösung verschlungener Gedankenreihen, durch Ausgleichung scheinbar widersprechender Prinzipien, durch These und Antithese, durch Induktion und Deduktion, sodann aber durch Erforschung des sozialen Aufbaus der Gesellschaft und durch Erforschung des Menschenherzens. Die feinste Bethätigung der Urtheilskraft ist im Zivilprozeß möglich, die besten sozialen Einblicke, zugleich mit der Befriedigung, welche jede unmittelbar auf Erfolg gerichtete Thätigkeit gewährt, in der Verwaltung des Vormundschaftswesens. Die Strafrechtspflege steht in beiden Beziehungen zurück. Was die logische Thätigkeit des Strafrichters anlangt, so ist sie quantitativ und qualitativ eingeengter als die des Zivilrichters. Die Zahl der Strafgesetze ist geringer als die Zahl der Zivilgesetze, und bei dem einzelnen Straffall handelt es sich im Wesentlichen um die Ermittelung, ob derselbe sich unter den Wortlaut eines Strafgesetzes unterordnen läßt. Ist dies nicht der Fall, so bedarf es nur der richterlichen Konstatirung der Thatsache. Da Entwickelung und Fortschritte des Lebens und der wirthschaftlichen Beziehungen stets neue Streitfälle schaffen, und da der Civilrichter für jeden Fall eine positive Lösung finden muß, während der Strafrichter häufig zu rein negativer Lösung, einer einfachen Verneinung, daß sich ein bestimmter Fall unter eine bestimmte Strafnorm subsumiren läßt, gelangt, so bietet sich ersterem eine erheblichere Mannigfaltigkeit für seine Thätigkeit. Hieraus, in Verbindung mit der Erfahrung, daß der menschliche Geist gegen jede Einseitigkeit seiner Bethätigung reagirt, erklärt sich auch die so vielfach beobachtete Neigung der Strafrichter und Staatsanwälte zu extensiver Gesetzesinterpretation.

Aber auch der sociale Faktor in der heutigen Strafjustiz vermag dem damit Befaßten keinerlei Befriedigung zu gewähren. Das Vorleben der Angeklagten, ihre eigenthümliche geistige und sittliche Veranlagung, ihre erbliche Belastung, die Motive und Vorbedingungen ihrer Verfehlungen, sie alle kommen nur in einer kleinen Minderzahl der Fälle zur Kenntniß des Strafrichters. Die Folgen seiner Thätigkeit, die Strafvollstreckung, sieht der Strafrichter regelmäßig nicht; und wo er sie sieht, in den kleinen Gerichtsgefängnissen, sind sie nicht dazu angethan, ihn mit sonderlicher Freude zu erfüllen.

Dazu kommt, daß die Kriminaljustiz in ihrem Bestreben, die Endziele der Rechtsprechung in ähnlicher Weise zu lösen, wie es seitens der Civiljustiz geschieht, sich dem Rechtsbewußtsein des Volkes immer mehr entfremdet, sociale Zwecke vernachlässigt, ja zum Theil ihr eigenes Ideal aufgiebt und den Boden, auf welchem sie steht, die richterliche Garantie der höchsten Lebensgüter, untergräbt*).

Die Rechtsprechung der Gerichte auf dem Gebiete des groben Unfugs, der Beleidigung, der Erpressung, der Kuppelei bleibt dem Rechtsbewußtsein des Volkes fremd und unverständlich, ja verletzt dasselbe häufig auf das empfindlichste. Die Interpretation der Kuppeleiparagraphen seitens des Reichsgerichts**) hat die schlimmste Folge, die richterliche Urteile überhaupt haben können: sie setzt an Stelle des Rechtsschutzes die Polizeiwillkür. Denn unter den thatsächlichen Verhältnissen, wie sie einmal bestehen, wird täglich unter den Augen der Behörden gegen jene Strafvorschriften gefehlt, und es liegt wesentlich im Ermessen der Polizei oder auch eines mißgünstigen Nachbars, Bestrafung herbeizuführen.

Auch die Strafgesetzgebung steht mit dem Rechtsbewußtsein des Volks nicht immer in Einklang. Die feinen Unterscheidungen zwischen Diebstahl und Unterschlagung, einfachem und schwerem Diebstahl, der Begriff des gefährlichen Werkzeugs u. a. m. sind ohne jeden sozialpolitischen Werth; die auf Feststellung jener Begriffe und Unterscheidungen verwandte Arbeit muß als eine für die Wohlfahrt des Einzelnen wie des Staates unnütze betrachtet werden.

Eine Beseitigung aller dieser schweren Mißstände ist nur von einer fundamentalen Aenderung der Strafgesetzgebung und Strafvollstreckung zu erhoffen, welche wohl in absehbarer, aber noch nicht allzu naher Zukunft erkämpft werden dürfte. Bis dahin gilt es, wenigstens diejenigen Garantieen möglichst zu stärken, welche der Wahrheitsermittelung und einer sachgemäßen Anwendung der bestehenden Gesetze dienen. Die wachsende Unzufriedenheit des Volks mit der gegenwärtigen Kriminaljustiz hat vorläufig zu immer schärferem Ansturm gegen die geltende Strafprozeßordnung geführt. Obwohl nun, wie oben gezeigt, das Verfahren allein nicht die Schuld an den tief empfundenen Uebelständen trägt, so ist es doch

---

*) „Die deutschen Strafkammern haben es trotz ihrer reichlicheren Besetzung, trotz der erheblichen Verstärkung der für die Verurteilung erforderlichen Stimmenzahl nicht verstanden, sich in den Anschauungen des Volkes das nothwendige Vertrauen zu verschaffen, und an dem populären Mißtrauen ist ihre Berufungslosigkeit gescheitert.“ (Mittelstädt, „Glossen zur Reform des Strafprozesses“ in den Preuß. Jahrb. 1885 S. 572.)

**) Vergl. Entsch. in Strafsachen Bd. 7 S. 121, Bd. 8 S. 172 und 236, Bd. 16 S. 49, Rechtspr. Bd. 1 S. 680 u. 828, Bd. 2 S. 362, Bd. 10 S. 703.

ein wichtiger Faktor der Rechtsprechung. Die Reichsregierung hat der Volksströmung durch Vorlegung einer Novelle nachgegeben. Hier soll der Versuch gemacht werden, nach kurzem Hinweis auf die bisherigen Reformbestrebungen die Novelle kritisch zu würdigen und auf Mängel des geltenden Verfahrens hinzuweisen.

II.

Vor Einführung der Rechtseinheit in die deutsche Gerichtsverfassung und in den deutschen Prozeß bestand, wie bekannt, eine bunte Mannigfaltigkeit in der Ordnung des Gerichtswesens bei den deutschen Bundesstaaten. Immerhin war diese Mannigfaltigkeit bei Behandlung privatrechtlicher Streitigkeiten eine größere als auf dem Gebiete des Strafprozesses. Seit dem Jahre 1848 war nach und nach in fast allen deutschen Staaten, mindestens für die Haupt- und Schlußverhandlung in Strafsachen, das öffentliche und mündliche Verfahren an Stelle des früher üblichen Inquisitionsprozesses getreten, und ebenso war fast durchweg eine Betheiligung des Laienelements an der Strafrechtspflege vorgesehen. Ganz unberührt von neuzeitlichen Reformen waren nur Mecklenburg-Schwerin, Mecklenburg-Strelitz, Lippe und Schaumburg-Lippe geblieben; außer diesen Staaten ruhte aber noch in Sachsen-Altenburg und Lübeck das Strafverfahren völlig in den Händen gelehrter Berufsrichter.

Die Laienbetheiligung geschah theilweise in der Form von Schwurgerichten, theilweise in derjenigen von Schöffengerichten. Den Schwurgerichten waren überall die schwersten Strafsachen vorbehalten, die Schöffengerichte bestanden in einem Theile Preußens (den sogenannten neuen Provinzen), in Baden, Oldenburg und Bremen nur für die geringfügigsten Delikte, in Sachsen und Hamburg für die mittleren, in Württemberg für beide. In den übrigen Bundesstaaten bestanden Schöffengerichte nicht. Die Rechtsmittelinstanz war stets mit gelehrten Berufsrichtern besetzt.

Das Verfahren war in beiden Mecklenburg, in Schaumburg-Lippe und Lippe-Detmold im Wesentlichen dasjenige des gemeinen deutschen Inquisitionsprozesses, in Mecklenburg-Schwerin allerdings mit der Modifikation, daß eine mündliche Schlußverhandlung eingeführt und ein Kriminalfiskal bestellt wurde. In allen übrigen Staaten waren seit dem Jahre 1848 Prozeßordnungen ergangen, welche sich mehr oder minder eng an den französischen Code d'instruction criminelle von 1808 anlehnten. Das französische Strafprozeßgesetz hatte direkte Geltung in den preußischen linksrheinischen Gebietstheilen, in der bayerischen Pfalz und mit erheblichen Modifikationen in Rheinhessen. In denjenigen Staaten, welche ihr Prozeßrecht in unmittelbarster Folge der politischen Bewegung des Jahres 1848 reformirten, wurde die öffentliche und kontradiktorische Hauptverhandlung in mehr äußerlicher Weise mit dem inquisitorischen Vorverfahren des alten Prozesses in Verbindung gebracht, in den übrigen fand eine tiefere Verschmelzung statt. Immerhin unterschieden sich fast alle deutschen Gesetze von dem französischen Vorbilde in der Beibehaltung der historisch überlieferten Art der richterlichen Voruntersuchung und ferner darin, daß in Deutschland der Staatsanwaltschaft eine so erhebliche Machtstellung nicht eingeräumt wurde wie in Frankreich.

Die deutsche Strafprozeßordnung führte nun folgende wesentliche Neuerungen gegenüber der Mehrzahl der geltenden Partikulargesetzgebungen ein (vgl. Mot. zum Entw. S. 7 ff.):

1. Die Betheiligung des Laienelements in der Form des Schwur- und des Schöffengerichts;
2. das Erforderniß einer Zweidrittelmajorität zur Bejahung der Schuldfrage;
3. die Beseitigung der Appellation für die große Mehrzahl aller Urtheile;
4. das Recht des Verletzten, richterliche Entscheidung anzurufen, wenn seitens der Staatsanwaltschaft Erhebung einer Anklage verweigert wird;
5. das Recht des Verletzten, sich als Nebenkläger dem Verfahren anzuschließen;
6. das Recht des Beschuldigten, sich bereits im Vorverfahren eines Vertheidigers zu bedienen und mit seinem Vertheidiger gewissen Beweiserhebungen im Vorverfahren beizuwohnen;
7. erweiterte Möglichkeit, die Untersuchungshaft durch Sicherheitsstellung abzuwenden;
8. Beseitigung des Kontumazialverfahrens, von vereinzelten Ausnahmen abgesehen;
9. Befugniß des Angeklagten, Zeugen und Sachverständige zur Hauptverhandlung unmittelbar laden zu lassen;
10. Gleichstellung des Staatsanwalts und Angeklagten in der Hauptverhandlung;

11. Promissorische Vereidigung der Zeugen;
12. Uebertragung der Strafvollstreckung an die Staatsanwaltschaft;
13. erweiterte Zulassung der Wiederaufnahme des Verfahrens.

Schon bald, nachdem die Reichsjustizgesetze in Kraft getreten waren, wurden Wünsche auf Abänderung der Strafprozeßordnung und der korrespondirenden Theile des Gerichtsverfassungsgesetzes laut; diese Wünsche machten sich im Laufe der Zeit mit immer größerer Energie geltend. Seit 1882/1883 ist kaum ein Jahr vergangen, in welchem der Reichstag nicht Gelegenheit gehabt hätte, die Reform des Strafverfahrens in den Kreis seiner Berathungen zu ziehen.

So weit bei dieser Gelegenheit die Volksströmung zum Ausdruck gelangte, richteten sich die Beschwerden hauptsächlich gegen die Berufungslosigkeit der Strafkammern, gegen die den Zeugeneid betreffenden Vorschriften und endlich gegen die Unmöglichkeit, Personen, die unschuldig in Untersuchungshaft genommen oder im Wiederaufnahmeverfahren freigesprochen sind, eine angemessene Entschädigung für die erlittene Unbill zu gewähren. Die Reichsregierung hat jedoch bereits am 9. Mai 1885 einen Gesetzentwurf, betreffend Aenderungen und Ergänzungen des Gerichtsverfassungsgesetzes und der Strafprozeßordnung, nebst ausführlicher Begründung an den Reichstag gelangen lassen, welcher über den Rahmen der dringendsten Volkswünsche hinausgehend, eine umfassendere Reform in Aussicht nahm. Der Entwurf ist damals nicht zur Verabschiedung gelangt.

III.

Eine Reform des deutschen Strafverfahrens dürfte drei Gesichtspunkte hauptsächlich in das Auge zu fassen haben: Beschleunigung des Verfahrens, Stärkung der staatlichen Repressivgewalt, Schutz des unschuldig Verdächtigten. In allen drei Beziehungen genügt das geltende Recht, wie fast durchgängig anerkannt wird, berechtigten Ansprüchen nicht. Die zu Gunsten des Beschuldigten zahlreich gegebenen Kautelen erfüllen ihren Zweck nicht, haben aber zur unerwünschten Folge, daß der Energie der Strafverfolgungsbehörde vielfach Hemnisse in den Weg gestellt und das ganze Verfahren verlangsamt wird.

Inwiefern hier Abhülfe geschafft werden kann, soll zunächst an den Einzelbestimmungen der gegenwärtig dem Reichstage zur verfassungsmäßigen Beschlußfassung vorgelegten Novelle und dann über den Rahmen der letzteren hinaus geprüft werden.

Die Novelle erweitert die Zuständigkeit der Schöffengerichte.

Die Motive des Reg. Entw. gehen davon aus, daß sich die Rechtsprechung der Schöffengerichte im allgemeinen bewährt habe, und daß es deswegen einem Bedenken nicht unterliege, ihnen einige der bisher überweisungsfähigen Delikte allgemein zur Aburtheilung zuzutheilen. Letzteres gelte von dem Hausfriedensbruch im Falle des § 123 Abs. 3 St. G. B., den im § 183 daselbst vorgesehenen Vergehen wider die Sittlichkeit, der Körperverletzung in den Fällen der nur auf Antrag eintretenden Verfolgung, sowie im Falle des § 223a St. G. B., der Bedrohung im Falle des § 241, von dem strafbaren Eigennutz in den Fällen der §§ 288 und 298, dem sogenannten qualifizirten Jagd- und Fischereivergehen in den Fällen der §§ 293 und 296, dem Diebstahl im Falle des § 242, der Unterschlagung im Falle des § 246, dem Betruge im Falle des § 263 und der Sachbeschädigung im Falle des § 303 St. G. B., bei den zuletzt genannten 4 Strafthaten jedoch unter der beschränkenden Voraussetzung, daß der Werth der entfremdeten Sache bezw. der Betrag des Schadens 100 M. nicht übersteigt. Der Bundesrat hat jedoch wieder die Vergehen gegen §§ 183, 223a, 288, 289, 293 und 296 St. G. B. an dieser Stelle gestrichen und diese Vergehen mit Ausnahme der qualifizirten Jagd- und Fischereivergehen für überweisungsfähig erklärt; dagegen hat er dem Schöffengericht die Vergehen gegen §§ 286 Abs. 2 und 290 St. G. B. ursprünglich zugetheilt. Unter die überweisungsfähigen Vergehen sind neu aufgenommen die Delikte gegen § 230 Abs. 2, § 286 Abs. 1 u. § 320 St. G. B. Die Ueberweisung soll aber nach einem Zusatze des Bundesraths nur erfolgen, wenn nach den Umständen des Falles anzunehmen ist, daß auf keine höhere Strafe als 3 Monate Gefängniß, auf keine höhere Geldstrafe oder Buße als 600 Mark zu erkennen sein dürfte.

Prüft man, welches Prinzip den Gesetzgeber bei diesen Verschiebungen geleitet hat, so gelangt man zu dem Resultat, daß einmal der Betrag des durch das Delikt angerichteten Schadens, sodann die Höhe der zu erwartenden Strafe für die Zutheilung zum einen oder andern Gericht maßgebend sein soll. In beiden Beziehungen lassen sich aber erhebliche Bedenken geltend machen.

Die Kompetenzvertheilung nach dem Maße des angerichteten oder auch nur beabsichtigten Schadens stellt sich als ein Rückfall in das Kompositionssystem dar.

Darüber dürfte doch Einstimmigkeit herrschen, daß die Strafe nicht bestimmt ist, materiellen Schaden auszugleichen, sondern das rechtliche Gleichgewicht wiederherzustellen. Welcher der sog. Strafrechtstheorieen man auch huldigen mag, ob man den Vergeltungsgedanken oder den Staatsschutz in den Vordergrund stellt, immer wird zugestanden werden müssen, daß die Schwere des Delikts in zahlreichen Fällen dem Betrage des angerichteten Schadens nicht adäquat ist. Wer ein gefülltes Portemonnaie stiehlt, kommt vor verschiedene Gerichte, je nachdem der Inhalt ein größerer oder geringerer ist. Auch die Komplizirtheit des Falles wird nicht durch die Höhe des Objektes bedingt.

Einen richtigeren Maßstab für die Kompetenzvertheilung bildet die Höhe der zu verhängenden Strafe. Diese Erwägung hat wohl den Bundesrat geleitet, als er die Ueberweisung in Uebereinstimmung mit dem geltenden Rechte nur dann für zulässig erklärte, wenn voraussichtlich nicht mehr als 600 Mark Geldstrafe oder 3 Monate Gefängniß zu verhängen sein würden. Allein eine solche Voraussicht kann sehr häufig trügen, und da die Schöffengerichte nicht gehindert sind, auf höhere Strafen in den ihnen überwiesenen Sachen zu erkennen, bleibt erfahrungsgemäß in vielen Fällen die Vorschrift unwirksam.

Es empfiehlt sich daher, den Schöffengerichten ein Strafmaximum vorzuschreiben, welches für sie unüberschreitbar ist. Dabei dürfte eine erhebliche Erweiterung der schöffengerichtlichen Kompetenz, auch noch über die Vorschläge der Novelle hinaus, in Aussicht zu nehmen sein. Das Lob, welches die Motive der schöffengerichtlichen Jurisdiktion sprechen, ist in der That verdient. Nach der im Preußischen Justizministerialblatt Jahrg. 1894 S. 175 ff. enthaltenen Hauptübersicht der Geschäfte bei den Preußischen und Waldeckischen Amtsgerichten für 1893 sind in diesem Jahre 347 186 Urtheile der Schöffengerichte 51 730 Urtheile der Amtsgerichte in Strafsachen, insgesammt also 398 916 Strafurtheile ergangen. Strafkammerurtheile in der Berufungsinstanz sind 35 872 gefällt, von denen nur 13 859 auf Aufhebung des ersten Urtheils lauteten. Es sind also nur 3,4 pCt. der erstinstanzlichen Urtheile abgeändert. Daß diese Zahlen nicht absolute statistische Wahrheit enthalten, wird nicht verkannt, da nicht alle im Jahre 1893 von den Schöffengerichten gesprochenen Urtheile in demselben Jahre durch Rechtskraft oder Nachprüfung in der Berufungsinstanz zur Erledigung gekommen sind, die Berufungsurtheile auch zum Theil noch erstinstanzliche Urtheile aus dem Vorjahre zum Gegenstande haben. Dennoch dürften sie sich von der Wahrheit nicht weit entfernen, da die im Preußischen Justizministerialblatt für 1892 veröffentlichten Zahlen nur wenig von denen für 1893 abweichen.

Hat man aber zu den Schöffengerichten das Vertrauen auf sachgemäße Jurisdiktion, so sprechen die entscheidendsten Gründe für eine größtmögliche Erweiterung ihrer Zuständigkeit. Die Entfernung der meisten Amtsgerichte vom Landgerichtssitz hat zur Folge, daß das Verfahren erschwert und verzögert wird, daß Zeugen und Angeklagten Hemmnisse und Säumnisse entstehen, welche ersteren vielfach nur unvollkommen, letzteren auch im Falle der Freisprechung meist garnicht vergütet werden, daß die Vertheidigung in Folge der Erschwerung des persönlichen Verkehrs zwischen Anwälten und Angeklagten gehemmt und der Staatssäckel übermäßig belastet wird.

Es dürfte sich daher empfehlen, die Zuständigkeit der Schöffengerichte auf alle Vergehen auszudehnen mit der Beschränkung, daß 1 Jahr Gefängniß als Höchststrafe erkannt, auch Polizeiaufsicht und Entziehung der bürgerlichen Ehrenrechte nicht verhängt werden darf, vielmehr, wo solches erforderlich erscheint, ein Unzuständigkeitsbeschluß zu fassen ist. Es muß ohne weiteres anerkannt werden, daß auch innerhalb des gedachten Rahmens Fälle vorkommen können, welche sich zur schöffengerichtlichen Aburtheilung nicht eignen und vor allem, daß nicht bei allen kleinen Amtsgerichten die geeigneten Amtsanwälte zur Vertretung wichtigerer Anklagen zur Verfügung stehen. Diesen Umständen trägt schon das geltende Gesetz ebenso wie die Novelle dadurch Rechnung, daß es einen Antrag des Staatsanwalts auf Ueberweisung gewisser Kategorieen von Anklagen zur Verhandlung an das Schöffengericht und entsprechende Strafkammerbeschlüsse vorsieht. Diese Ueberweisungsbeschlüsse bilden gegenwärtig eine erhebliche Belastung der Strafkammern, ohne daß sie doch praktisch von erheblicher Bedeutung sind. Die Ablehnung eines Ueberweisungsantrages gehört zu den so überaus seltenen Ausnahmen, daß man schon heute sagen kann, es bestimme in Wirklichkeit der Staatsanwalt darüber, ob eine

Sache vor Strafkammer oder Schöffengericht zu verhandeln sei. Da nun überdies der Umweg, welchen die Aktenversendung vom Staatsanwalt zum Amtsgericht über das Landgericht machen muß, die Entscheidung erheblich verzögert, so erscheint es gerechtfertigt, die Ueberweisung überhaupt zu beseitigen. Der Beurtheilung des Staatsanwalts als des Vertreters des Staatsinteresse kann getrost anheimgestellt bleiben, vor welchem Gericht die Verhandlung statthaben soll. In der Berufung ist ja das erforderliche Sicherheitsventil gegeben.

Mein Vorschlag geht also dahin: Ausdehnung der schöffengerichtlichen Zuständigkeit auf alle Vergehen, konkurrirend mit der landgerichtlichen; Beschränkung der zu verhängenden Strafe auf 1 Jahr Gefängniß und 1500 Mark Geldstrafe; Unzulässigkeit der Aberkennung der bürgerlichen Ehrenrechte und Stellung unter Polizeiaufsicht von Seiten der Schöffengerichte; freies Ermessen der Staatsanwälte, ob sie wegen Vergehen Anklage vor Strafkammer oder Schöffengericht erheben wollen.

Die Kompetenz der Strafkammern wird auf Kosten derjenigen der Schwurgerichte durch Zuweisung des Meineids, der qualificirten Unzucht (§ 176 St. G. B.), des qualificirten Widerstands gegen die Staatsgewalt (§§ 118, 119 St. G. B.), der Urkundenfälschung, der in §§ 349, 351 St. G. B. bedrohten Amtsverbrechen und der Verbrechen gegen §§ 209, 212 R. Konk.-Ordn. erweitert. Die Motive rechtfertigen diese Neuerung damit, daß bei den erwähnten Verbrechen meist schwierige Rechtsfragen zu beurtheilen bezw. ein so verwickeltes thatsächliches Material zu beherrschen sei, daß selbst einsichtige und gewandte Geschworene sich außer Stande fühlen, den ihnen gestellten Aufgaben zu genügen.

Wer, wie der Verf., das Geschworenengericht für ein überaus kostspieliges und schwerfälliges Institut erachtet, dessen Jurisdiktion durchaus nicht einwandsfrei ist, wird einer Abbröckelung desselben, welche seinen mit Sicherheit zu erwartenden Untergang vorbereitet, nur zustimmen können. Um so energischer muß allerdings dann die Forderung vertreten werden, die Strafkammern durch Zuziehung von Laienbeisitzern (Schöffen) zu einem volksthümlichen Gericht zu machen.

Eine bedeutsame Neuerung der Novelle ist die, daß an Stelle des Präsidiums bei der Geschäftsvertheilung und Mitgliedervertheilung die Landesjustizverwaltung bezw., soweit die Oberlandesgerichte und das Reichsgericht in Frage kommen, deren Präsidenten treten sollen.

Bei den Landgerichten wird der Landesjustizverwaltung, bei den Oberlandesgerichten und dem Reichsgericht den Präsidenten die Aufgabe zugewiesen, über die Zusammensetzung der Kammern, über die regelmäßige Stellvertretung des Vorsitzenden und der andern Mitglieder der Kammern in Verhinderungsfällen, sowie über die Vertheilung der Geschäfte im Voraus für jedes Geschäftsjahr Bestimmung zu treffen.

Die Motive gehen davon aus, daß Kautelen für die richterliche Unabhängigkeit, wie sie die deutschen Prozeßgesetze enthalten, in keinem Nachbarstaate bestehen. Sie betrachten dies aber nicht etwa als einen Vorzug des deutschen Rechts, sind vielmehr der Ansicht, daß die Klagen, welche bezüglich der Geschäftsthätigkeit der Strafkammern in so erheblichem Maße und nicht ganz mit Unrecht laut geworden sind, im wesentlichen eine Folge unzweckmäßiger Besetzung seien. Letztere aber werde dadurch veranlaßt, daß die Präsidien regelmäßig der Gefahr ausgesetzt seien, persönliche Wünsche sowie Rücksichten auf ihnen nahestehende Kollegen allzusehr in Rechnung zu ziehen. Eine Garantie für die Unabhängigkeit der Rechtspflege werde durch die Bestimmung geschaffen, daß die Anordnungen stets für ein ganzes Geschäftsjahr getroffen werden müssen.

Es muß mit der Novelle anerkannt werden, daß zwei Bestimmungen des geltenden Gesetzes sich nicht bewährt haben, nämlich die in § 65 des Gerichtsverfassungsgesetzes enthaltenen, daß der Präsident stets durch den ältesten Direktor, der Kammervorsitzende stets durch den ältesten Beisitzer in Behinderungsfällen vertreten wird. Die Motive führen mit Recht aus, daß insbesondere die letztgedachte Vorschrift nicht selten zur Folge hatte, daß die verantwortungsvolle Thätigkeit des Vorsitzenden vielfach auf ältere Mitglieder des Gerichts übertragen werden mußte, welche der ihnen gestellten Aufgabe in keiner Weise gewachsen waren und eben deshalb bei der Besetzung von Direktoren- und Präsidentenstellen nicht berücksichtigt sind.

Man wird ferner ernste Einwendungen gegen den Vorschlag nicht erheben können, dem Präsidenten durch die Landesjustizverwaltung einen Vertreter zu bestellen. Denn die Geschäfte des Präsidenten *als solchen* sind Verwaltungs- und nicht richterliche Geschäfte. Allein im Uebrigen müssen die vorgeschlagenen Neuerungen im Interesse des Ansehens und der Unabhängigkeit der Justiz bekämpft werden. Geschäfts- und Personalvertheilung durch die Verwaltung würde die Erneuerung von Vorgängen ermöglichen, wie sie in Preußen in der Konfliktszeit sich abgespielt haben. Und obwohl gegenwärtig dergleichen nicht zu befürchten ist, so würde doch die Möglichkeit schon genügen, das Vertrauen des Volks in die Unabhängigkeit der Rechtspflege zu erschüttern. Schon bei der Berathung des geltenden Gesetzes sind diese Gesichtspunkte ausgeführt. Der Abg. Lasker wies in der Justizkommission darauf hin, daß der Justizminister ein politischer Minister sei wie jeder andere, daß aber die Justizpflege nach ganz besonderen Rücksichten verwaltet werden müsse, wenn sie unabhängig sein solle. Die Fürsten hätten sich bezüglich derselben der Souveränetät begeben und sie den Gerichten übertragen: damit sei unvereinbar, daß in letzter Instanz der Verwaltungschef wieder den Einfluß auf die Gerichte gewinne, dessen sich der Souverän entschlagen habe. Der Abg. Gneist wies darauf hin, daß dem Mißbrauch, welcher leider in Preußen mit Kommissionen unter dem Namen Kollegien getrieben worden sei, ein Ende gemacht werden müsse.

Daß die Unabhängigkeit der Gerichte gewährleistet werde, wenn die Anordnungen der Verwaltungsbehörde stets für ein ganzes Geschäftsjahr im Voraus getroffen werden sollen, kann nicht anerkannt werden. Wer würde die Verwaltung hindern, beispielsweise alle politischen und Preßdelikte einer Kammer zu überweisen und diese nur mit solchen Richtern zu besetzen, von welchen sie ihr genehme Entscheidungen erwarten darf? Und sollte sie sich in ihrer Erwartung getäuscht sehen, so könnte nach § 62 der Novelle auch im Laufe des Geschäftsjahres leicht eine Remedur erfolgen, indem unbotmäßige Mitglieder der Kammer versetzt werden, oder auch nur eine Ueberlastung der Kammer — ein durchaus relativer Begriff — angenommen wird.

Die Vorschriften der Novelle würden aber sicherlich auch den erstrebten Zweck — eine Besserung der Rechtspflege in Strafsachen — nicht verwirklichen. Die Motive erwähnen, daß durch eine preußische Ministerialverfügung schon im Jahre 1882 darauf hingewiesen sei, daß es sich nicht empfehle, einzelne Richter nur in Civilsachen, andere — und am wenigsten die minder brauchbaren — ausschließlich in Strafsachen zu beschäftigen. Es sei jedoch von einem derartigen ministeriellen Vorgehen bei der jetzigen Gerichtsverfassung nicht allzu viel Erfolg zu erhoffen. — Soweit diesseits bekannt, hat der gewünschte Wechsel — wenigstens an den Berliner Gerichten — in den letzten Jahren vielfach stattgefunden, und wenn dies nicht in höherem Maße geschehen, so mag der Grund wohl darin gefunden werden, daß manche älteren Richter, welche seit langen Jahren als Strafrichter fungirt haben, für die Verwendung in Civilkammern nicht mehr geeignet sind. Ist aber wirklich anzunehmen, daß die Strafrechtspflege bedeutend verbessert würde, wenn sich ihr Richter für einige Jahre zwangsweise widmen müssen, ohne ihr Geschmack abzugewinnen? Die Gründe, weswegen die Strafjustiz auf hervorragende Richter nur in so geringem Maße Anziehungskraft ausübt, sind in der Einleitung ausführlich dargestellt; ehe diese Gründe nicht beseitigt sind, wird auch eine andere Zusammensetzung der Kollegien nicht von erheblichem Einfluß auf die Qualität ihrer Urtheile sein. Es ist aber endlich zu bestreiten, daß die Zusammensetzung der Kammern von der Justizverwaltung regelmäßig besser erfolgen würde, als durch die Präsidien. Denn schließlich ist doch erstere auf die Vorschläge und Berichte der Präsidenten über die Richter — von Einzelfällen abgesehen — angewiesen. Ist nun der berichtende Präsident energielos, so werden seine Berichte ebenfalls durch kollegiale Rücksichten getrübt sein. Besitzt er aber Energie und Verwaltungstalent, so wird er auch in dem Präsidium eine unzweckmäßige Personalvertheilung zu verhindern wissen. Schlimmstenfalls könnte die Geschäftsvertheilung an den Landgerichten dem Präsidium der Oberlandesgerichte übertragen werden.

In einer Zeit, wo die staatliche Autorität in breiten Volksmassen an Boden verliert, wo täglich in zahlreichen Zeitungen den Staatsbehörden zum Vorwurf gemacht wird, daß sie die staatlichen Gesetze nach politischen Rücksichten anwenden, die staatlichen Zwangsmittel zur Beseitigung politischer Gegner verwenden, daß Polizeibehörden es an Mißgriffen nicht fehlen lassen, da heißt es, ein Band zerreißen, welches das Volk an den Staat fesselt, wenn man ihm die Ueberzeugung raubt, daß in den Gerichten ein Schutz gegen jeden Uebergriff zu finden ist, von welcher Seite er auch komme. Und diese stark ins Wanken gekommene Ueberzeugung wird vernichtet, wenn auch nur der Verdacht berechtigt ist, daß die Justiz von der politischen Verwaltung abhängig sei.

Die Besetzung der Strafkammern soll künftighin mit 3, statt wie bisher mit 5 Richtern erfolgen. Man kann den Motiven in der Behauptung zustimmen, daß der bisherige Zustand einen überflüssigen Verbrauch von Richterkräften zur Folge hatte. Die Ansicht, daß eine starke Besetzung der Kollegien erster Instanz, sowie die Forderung einer Zweidrittelmajorität für den Schuldspruch, welcher sich bei den Strafkammern thatsächlich zu einer Vierfünftelmajorität umwandelte, besondere Garantie gegen ungerechte Verurtheilung biete, hat sich, wie wohl ziemlich allgemein anerkannt wird, als irrig erwiesen. Häufig war in erstaunlicher Weise zu beobachten, wie sehr der Vorsitzende der ganzen Kammer das Gepräge seines Geistes, seiner Individualität zu verleihen vermochte. Die einzelnen Mitglieder werden in gemeinsamer Arbeit geistig ähnlich und es darf wohl angenommen werden, daß die Freisprechungen mit 2 gegen 3 verurtheilende Stimmen schon heute zu den erheblichen Ausnahmen gehören. Während in großen Kollegien das Verantwortlichkeitsgefühl des Einzelnen, weil eben auf ihm nur ein kleiner Theil der Verantwortung ruht, sich naturgemäß abschwächt, ist erhöhter Einfluß weniger den am gründlichsten denkenden, als vielmehr den dialektisch gewandtesten Mitgliedern sicher.*) Es ist mithin aus rechts- ebenso wie aus finanzpolitischen Gründen angezeigt, gleichzeitig mit der einzuführenden Berufung die Zahl der Strafkammermitglieder auf 3 herabzusetzen.

Der alte Streit, ob die Berufung gegen die Strafkammerurtheile den Landgerichten oder Oberlandesgerichten zu überweisen sei, ist in der Novelle nominell in letzterem Sinne entschieden. Ich sage nominell, denn es soll der Landesjustizverwaltung (nach den Bundesrathsbeschlüssen; der Regierungsentwurf sagte: der Landesgesetzgebung) freistehen, für die vom Sitz des Oberlandesgerichts entfernteren Landgerichte bei einem oder mehreren derselben einen Strafsenat zu bilden und demselben die gesammte Thätigkeit des Oberlandesgerichts in der Berufungsinstanz zu übertragen. Praktisch wird sich also die Sachlage so gestalten, daß am Sitze des Oberlandesgerichts und in dessen unmittelbarer Umgebung ein Senat desselben über die Berufungen zu entscheiden hat, daß aber in größerer Entfernung thatsächlich Landgerichtskammern, welche allenfalls unter Vorsitz eines detachirten Mitgliedes des Oberlandes-

*) Vgl. Mittelstädt in den Preuß. Jahrb. 1882 S. 193.

gerichts tagen, als Berufungssenate fungiren. Wenn mithin die Motive sagen, das innerste Wesen der Appellation beruhe nicht nur in einem Wechsel in der Person des erkennenden Richters, sondern zugleich auch in der Konstruktion der zweiten Instanz als der oberen; der zweite Richter müsse ein höherer sein, welchem in der Volksmeinung ein größeres Maß von Erfahrung und Unbefangenheit beigemessen werde, so entsprechen die gesetzlichen Vorschläge diesen Ausführungen nicht ganz. Allein es erscheint zunächst durchaus nicht zweifellos, daß der höhere und ältere Richter, welcher präsumtiv die höhere technische Begabung und Kenntniß hat, dem jüngeren erstinstanzlichen auch in der Beurtheilung von Thatfragen und praktischen Verhältnissen überlegen ist. Trotz der nicht eben günstigen Erfahrungen, welche nach kompetenter Beurtheilung mit den detachirten Strafkammern gemacht sind (vgl. v. Bülow „Die Reform unserer Strafrechtspflege"), wird dennoch, wer die Berufung einführen und die Mündlichkeit und Unmittelbarkeit des Verfahrens nicht preisgeben will, die fliegenden Berufungssenate nicht entbehren können. Freilich wird auch hier zur Wahrung richterlicher Unabhängigkeit zu fordern sein, daß die Berufung der Vorsitzenden sowie der Beisitzer nicht durch die Verwaltung, sondern durch die Präsidien der Oberlandesgerichte bezw. Landgerichte erfolge.

Die Aenderungen, welchen die Strafprozeßordnung unterworfen werden soll, sind mannigfacher Art und nicht durchweg unter große Kategorieen zu bringen. Es ist bald an dieser, bald an jener Stelle auf eine gewisse Vereinfachung des Verfahrens hingewirkt, ohne daß alle einzelnen vorgeschlagenen Maßregeln in nothwendiger innerer Verbindung stehen. Es kann daher auch die Besprechung ein gewisses mosaikartiges Gepräge nicht verleugnen. Im Großen und Ganzen ist jedoch daran festzuhalten, daß die Einführung der Berufung gegen Strafkammerurtheile die einschneidendste Neuerung bildet, und daß die meisten anderen Reformen als gewisse Kompensationen gegenüber diesem Zugeständniß an die Volksströmung zu betrachten sind.

Die Bestimmungen über die örtliche Zuständigkeit der Gerichte sollen durch Einschiebung eines § 8a erweitert werden, welcher das forum deprehensionis den anderen fora konkurrirend an die Seite stellt („Der Gerichtsstand ist auch bei demjenigen Gerichte begründet, in dessen Bezirk der Beschuldigte ergriffen worden ist"). Man wird dieser Neuerung nur völlig zustimmen können, da dann häufig

2*

erhebliche und unnöthige Kosten vermieden werden, welche durch den Transport des Ergriffenen nach dem Thatort oder seinem Wohnort entstehen.

Erhebliche Einwendungen werden auch gegen eine Streichung des § 23 Abs. 3 St.Pr.Ordn. kaum zu erheben sein. Es hat in der Praxis, besonders an kleineren Landgerichten, mitunter zu Unbequemlichkeiten geführt, daß an dem Hauptverfahren vor der Strafkammer nicht mehr als 2 von denjenigen Richtern, welche bei der Entscheidung über die Eröffnung des Hauptverfahrens mitgewirkt haben, und daß namentlich der Berichterstatter nicht mitwirken durfte. Wesentlichen Vortheil hat diese Kautel den Angeklagten nicht gebracht.

Wie heute das Vorverfahren geordnet ist, gehört genaue Aktenkenntniß mindestens für den Vorsitzenden und Berichterstatter doch zu den nothwendigen Erfordernissen. Daß diese Richter aber zu einer Verurtheilung zu sehr neigen würden, weil sie einen dringenden Verdacht für begründet hielten, ist nicht anzunehmen. Wenigstens hat sich im schöffengerichtlichen Verfahren dergleichen nicht gezeigt, obwohl doch hier der eröffnende und vorsitzende Richter fast stets identisch ist. Wird nun noch obenein die Möglichkeit einer Nachprüfung in höherer Instanz gegeben, so kann die erwähnte Vorschrift des bisherigen Rechts ohne Gefahr beseitigt werden.

Um so bedenklicher erscheint der neue § 26a, demzufolge Gesuche um Ablehnung eines Richters, wenn sie verspätet oder ohne Glaubhaftmachung des Grundes oder in der offenbaren Absicht, das Verfahren zu verschleppen, angebracht sind, vom Vorsitzenden selbst dann als unzulässig zu verwerfen sind, wenn sie sich gegen ihn selbst richten. Einen Richter zum iudex in causa propria zu machen, erscheint völlig unzulässig; hier wird dem Vorsitzenden eine Aufgabe gestellt, welche unlösbar ist und ihn in einen bedauernswerthen Gegensatz zu Parteien und Publikum drängt. Die Ehre und der Stolz des Richterstandes ist seine Unabhängigkeit und zwar sowohl gegenüber persönlicher Beeinflussung, als gegenüber politischen und Volksströmungen, m. a. W. seine Unbefangenheit nach oben und unten. Er wird und darf folglich vor seinem Gewissen sich nicht als befangen erklären, sofern nicht seine vitalsten Privatinteressen in Frage kommen; er würde sonst sich selbst als für den Richterberuf untauglich hinstellen. Andererseits aber ist es für ihn eine mißliche Aufgabe, sich diejenige Eigenschaft zu attestiren, welche die Grundlage für den wesentlichsten Theil seiner Pflichterfüllung bildet. Die Folge dürfte sein, daß skrupulöse und gesinnungstüchtige Vorsitzende von der ihnen ertheilten Ermächtigung nicht Gebrauch machen werden aus Scheu, in eigener Sache zu urtheilen, daß dagegen die Vorschrift des § 26a eine bequeme Handhabe für solche Vorsitzende sein wird, gegen welche Ablehnungsgesuche nicht als völlig unbegründet erscheinen. Es müssen daher in dem neuen § 26a mindestens die Worte „auch wenn es gegen ihn gerichtet ist" gestrichen werden. Aber auch im Uebrigen verbleibt es besser bei den bisherigen Vorschriften. Die Angabe und Glaubhaftmachung des Ablehnungsgrundes, welche abgefeimten Verbrechern leicht gelingen dürfte, wird ungewandten Angeklagten häufig schwer fallen, und bei der Ueberlastung unserer Strafkammern, sowie der Mißlichkeit für den Vorsitzenden, einem Mitgliede des Kollegiums Befangenheit zu imputiren, wird solchen geschäftsungewandten und gesetzesunkundigen Personen kaum die erforderliche Unterstützung und Nachhülfe durch den Vorsitzenden zu Theil werden.

Muß auch zugestanden werden, daß frivole Ablehnungsgesuche in der Absicht, das Verfahren zu verschleppen, gelegentlich angebracht sind, so muß doch ein solcher Nachtheil als weniger bedenklich erscheinen, als es die vorgeschlagenen Heilmittel sind.

Eine Abänderung des § 39 St.Pr.Ordn. wird dahin vorgeschlagen, daß bei allen von Amtswegen erfolgenden Zustellungen einfachere Formen für den Nachweis der Zustellung zugelassen werden dürfen, während dies nach bisherigem Rechte nur für das die Klage vorbereitende Verfahren, für die Voruntersuchung und für das Verfahren bei der Strafvollstreckung zulässig war. Man wird dieser Neuerung vollen Beifall nicht versagen können. Unser ganzes gerichtliches Zustellungswesen leidet an Schwerfälligkeit und Kostspieligkeit, und das Beispiel der Arbeiterversicherung und ihrer Rechtsprechung beweist, daß vereinfachte Zustellungsformen durchaus praktisch sind und dabei der Zuverlässigkeit nicht entbehren.

Ganz wesentliche Aenderungen sieht die Novelle für die Aufnahme des Zeugenbeweises vor. Der Richter soll von der Beeidigung des Zeugen absehen dürfen, wenn dessen Aussage offenbar unglaubwürdig oder unerheblich ist; er soll ferner mehrere Zeugen gleichzeitig vereidigen dürfen und zwar mit einer abgekürzten Formel. An Stelle des promissorischen soll der assertorische Eid treten und die Beeidigung regelmäßig nicht erst in der Hauptverhandlung, sondern schon bei der ersten Vernehmung erfolgen.

Wenn man prüft, welche Nachtheile die bisherigen Bestimmungen über den Zeugenbeweis in der Praxis hatten, so lassen sich diese Nachtheile allerdings statistisch nicht nachweisen. Es wird von den allerverschiedensten Seiten über die Zunahme der Meineide geklagt, ohne daß eine solche Zunahme in der Reichsstatistik zum Ausdruck kommt. Im Gegentheil müßte man aus letzterer auf eine Abnahme der Meineide schließen. Nach der vom Statistischen Reichsamt und Reichsjustizamt gemeinsam herausgegebenen Kriminalstatistik für das Jahr 1893 kommen im Durchschnitt der Jahre 1882—1891 auf 100 000 strafmündige Einwohner der Civilbevölkerung 2,6, im Jahre 1891 selbst aber nur 2,3 wegen Meineids Verurtheilte (vgl. S. II 14). Allein die Statistik beruht hier auf sehr unsicherer Grundlage. Eine Verurtheilung wegen Meineids, wenn derselbe im Strafverfahren geleistet ist, gehört zu den größten Unwahrscheinlichkeiten; es fehlt außerdem das Material zur Feststellung des Verhältnisses zwischen den erwiesenen Meineiden und den geleisteten Eiden überhaupt. Andererseits bezeugen die Praktiker fast allgemein die zunehmende Gleichgiltigkeit gegen Bedeutung und Heiligkeit des Eides, und selten vergehen größere Sitzungen, ohne daß der Richter Bedenken gegen einen oder mehrere der geleisteten Eide hegt. Die bisher bestehende Notwendigkeit, auch anscheinend unglaubwürdige Personen zu vereidigen, versetzt den Richter nicht selten in eine peinliche Lage. Die Unglaubwürdigkeit eines Zeugen läßt sich häufig schriftlich schwer begründen; sie ist für die psychologisch Scharfblickenden aus der Art des Auftretens, der Form der Aussage u. dgl. m. zu entnehmen. Wird ein Unglaubwürdiger vereidigt, so scheut sich der Richter, wenn er nicht thatsächlichen Anhalt für die Unrichtigkeit des abgelegten Zeugnisses hat, doch auf Grund seines Gefühls den Zeugen des Meineids zu bezichtigen und gelangt leicht dahin, sein Urtheil auf ein Zeugnis zu basiren, das zwar beschworen ist, aber seinem Gefühl nach der Wahrheit nicht entspricht. Es ist daher zu billigen, daß die Novelle den Zwang zur Vereidigung Unglaubwürdiger beseitigt. Auf der andern Seite entsteht hierdurch die Gefahr, daß Personen, welche sich scheuen, die Wahrheit zu bekunden, ihrer Aussage ein offenbar unglaubwürdiges Gepräge verleihen, um dadurch der Beeidigung zu entgehen. Diese Gefahr wird noch wesentlich erhöht durch den vom

Bundesrath der Novelle zugefügten Zusatz, daß auch Zeugen, deren Aussage unerheblich ist, unbeeidigt bleiben dürfen. Es wird damit den Hauptzeugen in vielen Fällen leicht gemacht werden, sich der Eidespflicht zu entziehen, indem sie einfach erklären, sie wüßten von der Strafthat garnichts.

Auf der andern Seite darf nicht verkannt werden, daß die so häufig vorkommende Vereidigung zahlreicher Zeugen, welche nur sagen, sie wüßten nichts, die Feierlichkeit des Eides beeinträchtigt und vor Laien einen schlechten Eindruck macht. Immerhin steht der erwähnte Vorschlag in einem gewissen Widerspruch zu der Forderung der Beeidigung der Zeugen schon im Vorverfahren, weil nach den Motiven deren Kenntniß, daß sie nicht vereidigt werden, auf ihre Wahrheitsliebe ungünstig einwirkt und so zur Folge hat, daß gegründete Anklagen nicht selten unterlassen, ungegründete erhoben werden. Die letztgedachte Gefahr besteht zweifellos, allein dennoch dürfte auch hier das vorgeschlagene Mittel bedenklicher sein, als der bestehende Zustand. Die Vereidigung der Zeugen im Vorverfahren würde das Prinzip der Mündlichkeit, welches schon im heutigen Strafverfahren durchaus nicht genügende Geltung hat, völlig vernichten. Der schriftlich fixirte Akteninhalt würde den erkennenden Gerichtshof bereits vorher zu einer feststehenden Ueberzeugung von Schuld oder Unschuld des Angeklagten gelangen lassen. Es erscheint garnicht ausgeschlossen, daß der Urtheilsentwurf fertig zur Schlußverhandlung mitgebracht und diese zu einer ganz bedeutungslosen Schaustellung herabgedrückt würde. Dazu würde jede in der Hauptverhandlung in Folge der Konfrontation und sonstigen Mittel öffentlich-mündlicher Verhandlung erfolgende Richtigstellung früherer Aussagen unter der Gefahr der auf fahrlässig falsche Eide und Meineide gesetzten Strafen stehen. Diese Gefahr würde bei den meisten Zeugen Richtigstellungen verhindern und auch hierdurch dürften die Vortheile der Mündlichkeit verloren gehen und thatsächlich das Urtheil auf die schriftlichen Protokolle des Vorverfahrens basirt werden.

Für den Fall der Einführung des assertorischen Eides ist auch auf den logischen Widerspruch hinzuweisen, welcher darin liegt, daß der im Vorverfahren zu leistende Eid sich nur auf schon Gesagtes bezieht und dennoch bei der Vernehmung im Hauptverfahren die Richtigkeit der neuen Aussage auf den schon geleisteten Eid versichert werden soll.

In der Hauptverhandlung bilden heute die ungeheure Menge der zu leistenden Eide eine schwere Belastung für die Vorsitzenden und ein schwere Einbuße an äußerlicher Würde und Feierlichkeit. Daß in einer vier Stunden dauernden Schöffensitzung, in welcher ausschließlich oder doch hauptsächlich wegen unbedeutender Uebertretungen verhandelt wird, dreißig oder mehr Zeugen zu vereidigen sind, ist durchaus keine Seltenheit. Mag der Richter noch so sehr bestrebt sein, die ihm obliegende Ermahnung zur Wahrheit eindringlich zu gestalten, so geht dies doch über menschliches Können hinaus, wenn dieselben Worte an einem Vormittag zwanzigmal oder noch öfters zu wiederholen sind und die Menge der Geschäfte rasche Erledigung fordert. Eine schablonenmäßige Wiederholung in geschäftsmäßigem Tone gesprochener Formeln läßt sich kaum vermeiden. Auch das fortwährende Erheben und Niedersetzen erhöht keineswegs die Feierlichkeit, ist aber eine schwere Belästigung für den mit Feststellung des Protokolls beschäftigten Gerichtsschreiber. Die Berufung auf göttliches Gebot bei der Ermahnung zur Wahrheit kann gegenüber solchen Personen mit sittlichem Ernst nicht gesprochen werden, bei denen der Richter weiß oder auch nur zu vermuthen geneigt ist, daß der Gottesglaube seine Kraft verloren hat. Eine Verminderung der zu leistenden Eide ebenso wie das von der Novelle vorgeschlagene Abhülfsmittel einer gemeinsamen Vereidigung mehrerer Zeugen unter Nachsprechen einer möglichst kurzen Formel ist mithin ein wohl zu erstrebendes Ziel.

Gegenüber diesen wesentlichen Mängeln des bisherigen Verfahrens erscheint die Frage, ob der promissorische oder assertorische Eid vorzuziehen, als unwesentlich. Beide habe Vorzüge und Nachtheile; es ist aber im höchsten Grade unwahrscheinlich, daß das Verhältniß der wahren zu den falschen Eiden ein verschiedenes sein würde, je nachdem der Eid vor oder nach der Vernehmung geleistet wird.

Aufgabe der Gesetzgebung ist es mithin nach dem Vorerwähnten, die Zahl der Eide zu vermindern, die Feierlichkeit bei der Eidesleistung zu erhöhen und möglichst starke Schranken gegen Falscheide zu ziehen. Was zunächst das letztgedachte Erforderniß anlangt, so ist mit der bedauernswerthen, aber nicht abzuleugnenden Thatsache zu rechnen, daß gegenwärtig in vielen Fällen die Berufung auf Gott nicht mehr sichere Garantie für gewissenhafte Aussagen bietet, da der Gottesglaube breiten Volksschichten mangelt. Hier wird, sofern nicht persönliche Ehrenhaftigkeit des Einzelnen jede andere Garantie überflüssig macht, das staatliche Gebot mit dahinterstehender Strafandrohung für Uebertretungen die Zuverlässigkeit der zu leistenden Eide sicherstellen müssen. Damit aber die Strafandrohung ihren Zweck erreicht, muß eine gewisse Wahrscheinlichkeit für Bestrafung des Schuldigen vorhanden sein. Eine solche Wahrscheinlichkeit besteht gegenwärtig nicht, zum Theil in Folge der strafprozessualen Vorschrift, daß die Zeugenaussagen, soweit nicht das Rechtsmittel der Berufung gegeben ist, nicht protokollirt zu werden brauchen (§ 273 Str.Pr.Ordn.). Eine sichere Feststellung dessen, was ein Zeuge ausgesagt und beschworen hat, ist nach Verlauf einiger Monate schon nicht mehr möglich. Bei den verschiedensten Meineidsprozessen hat es den peinlichsten Eindruck gemacht, daß als Zeugen über das, was ein Zeuge in früherer Verhandlung bekundet, die betheiligten Gerichtspersonen, Anwälte, Privatleute vernommen sind, und daß die Aussagen dieser von einander abwichen oder gar sich widersprachen. Dennoch ist für jeden, welcher weiß, wie leicht ein Zeuge mißverstanden werden kann, wie dieselben Worte in verschiedener Bedeutung gebraucht werden, wie wesentlich der Wortlaut der Fragen ist, auf welche von den Zeugen eine Antwort ertheilt wird, dieses Ergebniß ein ganz natürliches. Wenn man nun weiter erwägt, mit welcher Sorgfalt und Gewissenhaftigkeit in Privatstreitigkeiten die Aussagen der Zeugen durch Diktat des Richters festgestellt werden, wie sie den Zeugen zur Genehmigung vorgelesen, und wie oft sie auf deren Wunsch berichtigt oder klargestellt werden müssen, der wird um so weniger begreifen, mit welcher Oberflächlichkeit in Strafsachen, bei denen Leben, Ehre und Freiheit auf dem Spiele stehen, die Feststellung des Thatbestandes erfolgt. Nun ist in der Novelle allerdings eine Aenderung der bisherigen Bestimmungen nach der Richtung hin in Aussicht genommen, daß in das Protokoll über Strafkammerverhandlungen die wesentlichen Ergebnisse der Vernehmungen ebenso aufzunehmen seien, wie dies bisher schon bei den Schöffengerichten der Fall war. Allein auch diese Bestimmung erscheint demjenigen völlig ungenügend, der die Feststellung der Schöffenprotokolle aus eigener Erfahrung hinreichend kennt. Protokollführer in den Sitzungen sind fast ausschließlich Referendare, an den kleinen Amtsgerichten in der ersten Station ihres Vorbereitungsdienstes, an den größeren in einem späteren Stadium. Die Kunst, in einer lebhaften und dramatisch bewegten Verhandlung, in welcher die Zeugen vielfach dem Kreuzverhör, wenngleich unter richterlicher Leitung, ausgesetzt sind, die wesentlichen Punkte zu fixiren, ist eine überaus schwierige. Sie erfordert in gleicher Weise gespannteste Aufmerksamkeit, hohe stilistische Gewandtheit, Eindringen in den rechtlichen Kern der verhandelten Sachen. Den an sie gestellten Anforderungen sind Referendare in der ersten Station nur äußerst selten, in späteren Stadien ihrer Vorbereitung je nach Fähigkeit mehr oder minder gewachsen, wobei das minder wohl das mehr überwiegen dürfte. Nun ist der Vorsitzende allerdings zur Korrektur da. Allein man erwäge Folgendes: Wenn eine Schöffensitzung 4 bis 5 Stunden gedauert hat — dies dürfte wohl als Durchschnittsdauer anzunehmen sein — sind meist die Protokolle noch unfertig. Es bedarf dann einer kurzen Mittagspause, worauf zur Fertigstellung geschritten wird. Bis zum Schluß der Dienststunden müssen sämmtliche Protokolle in der Gerichtsschreiberei präsentirt sein; es bedarf also schleunigster Arbeit bei Durchsicht und Korrektur. Häufig sind die Zeugen von den Protokollanten gründlichst mißverstanden, häufig garnicht verstanden, nicht selten ergibt sich eine Meinungsverschiedenheit zwischen dem Richter und Gerichtsschreiber über das, was der Zeuge gesagt hat. Bei dreißig oder mehr Zeugen- bezw. Sachverständigen-Vernehmungen muß der Richter aus seinem Gedächtniß die wesentlichsten Punkte hervorholen und danach die Richtigstellung des Protokolls bewirken. Daß aber ein in dieser Weise zu Stande gekommenes Protokoll eine äußerst unsichere Grundlage für eine Meineidsuntersuchung bildet, bedarf keiner näheren Ausführung. Ganz ebenso würde sich die Sache bei den Strafkammern gestalten. Wird hier auch für den Vorsitzenden eine gewisse Erleichterung dadurch geschaffen, daß der Referent sich Notizen macht, so dürften doch auch diese zur sicheren Feststellung der Zeugenaussagen in verwickelten Fällen nicht ausreichen. Welcher unserer Referendare oder Subalternbeamten wäre aber z. B. im Stande gewesen, in dem bekannten Prozeß Polke ein brauchbares Protokoll zu liefern, wenn in dasselbe die wesentlichen Ergebnisse der Vernehmungen hätten aufgenommen werden müssen?

Gegen diese Schäden giebt es nur ein Mittel: stenographische Feststellung der Zeugenaussagen. Daß dieser Forderung gegenwärtig nicht, sondern nur allmälig zu genügen ist, kann nicht geleugnet werden. Allein wenn die Handhabung der Stenographie als obligatorischer Zweig der Gerichtsschreiberprüfung gefordert wird, dürfte nur kurze Zeit vergehen, bis ein tüchtiger Stamm von kriminalistischen Protokollführern herangebildet ist. Sind später alle Subalternbeamten der Stenographie kundig, so könnte auch in Civilsachen das Diktiren der Zeugenaussagen fortfallen und damit den Civilgerichten eine wesentliche Erleichterung zu Theil werden. Im Uebrigen empfiehlt es sich, das Lügen vor Gericht, auch wenn es ohne eidliche Bekräftigung geschieht, unter Strafe zu stellen und ferner eine Vereidigung nur derjenigen Zeugen in der Hauptverhandlung vorzuschreiben, auf deren Zeugniß das Urtheil ruht. Auch in diesem Falle könnte die Vereidigung unterbleiben, wenn sie von keiner Seite beantragt wird und der Richter die Glaubwürdigkeit des Zeugen für zweifellos hält. Es würde auf diese Weise ein kräftiger Zwang zu wahrheitsgemäßer Aussage ausgeübt und dennoch die Zahl der Eide vermindert, damit aber auch die Möglichkeit gewährt, die Vereidigung feierlicher zu gestalten. Die Versicherung auf den bereits geleisteten Eid fällt besser ganz hinweg, da diese von ungebildeten Leuten doch nicht der Eidesleistung gleich geachtet wird.

Der Bundesrath schlägt endlich noch eine Abänderung des § 79 Str.Pr.Ordn. dahin vor, daß Sachverständige vor oder nach der Vernehmung nach Gutdünken des Richters zu beeidigen sind. Diese Neuerung ist mit Rücksicht auf die geplante Einführung des assertorischen Eides zu billigen.

Die bestehenden Vorschriften über die Verhaftung werden in zwei Punkten geändert. Einmal soll eine Verhaftung auch dann zulässig sein, wenn Thatsachen vorliegen, aus denen zu schließen ist, daß der Angeschuldigte seine Freiheit zur Begehung neuer strafbarer Handlungen mißbrauchen werde, sodann soll der vor Erhebung der öffentlichen Klage vom Amtsrichter erlassene Strafbefehl aufgehoben werden, wenn die Staatsanwaltschaft es beantragt oder wenn nicht binnen 6 Wochen — bei Uebertretungen binnen zwei Wochen — nach Vollstreckung desselben die erfolgte Erhebung der öffentlichen Klage zur Kenntniß des Amtsrichters gelangt. Die erstgedachte Neuerung ist nicht unbedenklich und kann in den Händen energischer Inquirenten leicht als Pressionsmittel verwandt werden. Erfolgen schon gegenwärtig Verhaftungen wegen Kollusionsgefahr äußerst selten, so dürfte es noch schwieriger sein, Thatsachen ausfindig zu machen, welche auf die Absicht einer Begehung künftiger

Missethaten hindeuten. Schon in der Fassung verleugnet der Paragraph nicht eine gewisse Voreingenommenheit. Bei einem Angeschuldigten kann von neuen strafbaren Handlungen nicht die Rede sein, da doch die alten nicht festgestellt sind und daher in iure nicht existiren. Die Bestimmung setzt sich auch in Gegensatz zu den herrschenden kriminalpolitischen Grundsätzen. Dem Verfasser ist ein Mann bekannt, welcher, in der Mitte der zwanziger Jahre stehend, schon viele Jahre in Strafanstalten verbracht hat, die kurzen Zwischenräume zwischen seinen Strafen stets zur Verübung neuer Gewaltthätigkeiten benutzend. Viele Personen haben unter seinen Angriffen schwer zu leiden gehabt. Seine letzte Verurtheilung erfolgte wegen Widerstandes gegen die Staatsgewalt, vorsätzlicher Sachbeschädigung und Bedrohung. Er hatte bei seiner Verhaftung einem Gensdarmen, einem Gerichtsdiener und einem Richter gedroht, sie zu erschießen. Obwohl nun, mag er seine Drohung wahr machen oder nicht, kaum ein Zweifel bestehen kann, daß dieser Mann nach Ablauf seiner sehr kurzen Strafzeit, wieder Leib und Leben seiner Mitbürger schädigen wird, besteht doch keine Möglichkeit, ihn dauernd in Haft zu halten. Die Präventivhaft also, welche vielfach bestraften Verbrechern gegenüber nicht statthaft ist, soll bei Angeschuldigten in Anwendung gebracht werden, bei denen noch nicht einmal feststeht, ob sie überhaupt ein Delikt begangen haben? Als Anhänger der Schutzstrafe könnte man den Einbruch des Präventionsprinzips in das geltende Recht mit Genugthuung begrüßen, wenn nicht Einheitlichkeit der grundlegenden Gedanken im Rechtssysteme eine sittliche Forderung wäre.

Hingegen ist die zweitgedachte Neuerung mit Freuden zu begrüßen. Bisher mußte schon nach Ablauf einer Woche die öffentliche Klage erhoben oder Verlängerung der Haftfrist nachgesucht sein; die Verlängerung konnte dann um 1 Woche und fernerhin — außer bei Uebertretungen — um 2 Wochen bewilligt werden. Da nun thatsächlich die Erhebung der öffentlichen Klage in einer Woche sich nur in verschwindenden Ausnahmefällen bewirken ließ, wurde seitens der Staatsanwaltschaft gewöhnlich ganz formularmäßig Fristverlängerung nachgesucht und vom Amtsrichter ganz ebenso formularmäßig bewilligt. Antrag und Bewilligung waren aber regelmäßig eine sachlich überflüssige Arbeit, welche ohne Schaden künftig in Fortfall kommen kann. Die Novelle ändert das bestehende Recht nun allerdings noch dahin, daß sie bei Verbrechen und Vergehen, sowie bei den Uebertretungen aus § 361 Nr. 3 und 4 R.St.G.B. die Frist zur Erhebung der öffentlichen Klage von 4 bezw. 2 auf 6 Wochen verlängert. Allein auch diese Erleichterung wird ohne Benachtheiligung der Beschuldigten eingeführt werden dürfen. Häufig mag bisher nur um deswillen Voruntersuchung beantragt sein, um die Verhaftung des Angeschuldigten aufrecht zu erhalten. Für die Voruntersuchung ist bekanntlich eine Frist, binnen welcher Entlassung des Angeschuldigten erfolgen muß, nicht vorgeschrieben. Das Vertrauen, welches hier dem Richter geschenkt wird, daß er die Bearbeitung der Haftsachen nicht unnöthig verzögere, wird auch dem Staatsanwalt nicht versagt werden dürfen.

Die bestehenden Vorschriften über die nothwendige Vertheidigung sollen insofern eine Aenderung erleiden, als der von Amtswegen zu bestellende Vertheidiger, welcher bis jetzt, wenn der Angeschuldigte taub, stumm oder noch nicht 16 Jahre alt war, zugleich mit Zustellung der Anklageschrift ernannt wurde, künftighin mit Eröffnung des Hauptverfahrens ernannt werden soll. Sofern die Bestellung des Vertheidigers auf Antrag erfolgt, soll der Antrag binnen einer Präklusivfrist von 3 Tagen gestellt werden. In der Berufungsinstanz soll die Bestellung von Amtswegen zugleich mit der Anberaumung des Termins zur Hauptverhandlung erfolgen, der Antrag, wenn ein solcher erforderlich, binnen 3 Tagen nach Zustellung der Ladung zur Hauptverhandlung angebracht werden.

Auch diese Vorschriften, welche materiell das geltende Recht beibehalten und es nur in Einklang mit den übrigen Vorschriften der Novelle bringen, geben zu ernsten Bedenken Anlaß. Daß die Vertheidigung ein nothwendiger Faktor unserer Rechtsprechung ist, kann im Ernste nicht bezweifelt werden. Um so bedauerlicher bleibt die schiefe Stellung, welche gegenwärtig die Vertheidiger in Strafsachen einnehmen, und welche so häufig Anlaß zu den peinlichsten Scenen giebt.

Mögen hier auch persönliche Momente mitwirken, so ist doch nicht zu verkennen, daß der tiefere Grund in dem Umstande zu finden ist, daß die Strafprozeßordnung das Prinzip der kontradiktorischen Verhandlung und Parteiengleichheit zu Ungunsten des Angeklagten und der Vertheidigung durchbrochen hat. Dies kommt an den verschiedensten Stellen zum Ausdruck; hier mag nur im Anschluß an die in Frage kommenden Bestimmungen darauf hingewiesen werden, wie verfehlt es ist, die nothwendige Vertheidigung erst für das Hauptverfahren zuzulassen. Man macht den Kriminalvertheidigern so häufig den Vorwurf öder Klopffechterei; nicht mit Unrecht beschuldigt man viele, große Plaidoyers für Angeklagte und Publikum zu halten, obwohl sie wissen, daß ihre Ausführungen für die Richter völlig unbeweisend und einflußlos sind. Andererseits aber sucht man sie von dem Theile des Verfahrens möglichst auszuschließen, in welchem sie von segensreichem Einfluß für die Ermittelung der Wahrheit sein können: von der Voruntersuchung. Man gebe dem Vertheidiger eine Stellung mit wirklichem Einfluß auf die Untersuchung, und seine Neigung zur Rabulisterei wird schwinden! Es sollte deshalb in den Fällen der von Amtswegen zu bestellenden nothwendigen Vertheidigung der Vertheidiger ernannt werden, sobald die öffentliche Klage erhoben ist. Die Bestellung des Vertheidigers auf Antrag (§ 140 Ziff. 2 St.P.O.) dürfte nur dann unter eine Präklusivfrist zu stellen sein, wenn der Beschuldigte über sein Recht und die zur Ausübung desselben bestimmte Frist belehrt wird. Andernfalls ist die Bestimmung völlig unpraktisch, da gerade diejenigen Personen, welche der Vertheidigung am meisten bedürfen, die Paragraphen der Strafprozeßordnung am wenigsten zu kennen pflegen. Es bedarf also einer Vorschrift dahin, daß gleichzeitig mit dem Eröffnungsbeschluß dem Angeklagten eine Mittheilung darüber zuzustellen ist, daß ihm binnen 3 Tagen das Recht zusteht, die Bestellung eines Vertheidigers zu beantragen, und daß spätere Anträge nicht mehr berücksichtigt werden. Dieselbe Mittheilung müßte in der Berufungsinstanz mit der Ladung zur Hauptverhandlung ergehen.

§ 156 Abs. 2 St.P.O. soll dahin abgeändert werden, daß bei Antragsdelikten der Antrag nicht nur bei Gericht oder Staatsanwaltschaft, sondern auch bei anderen Behörden — in Frage kommen hauptsächlich die Polizeibehörden — zu Protokoll gegeben werden darf, eine Erleichterung, welche durchaus angebracht erscheint.

Ebenso zu billigen ist die Vorschrift, daß eine Voruntersuchung nur auf Antrag der Staatsanwaltschaft stattfinden soll. Anträge der Angeschuldigten nach Zustellung der Anklageschrift, die Voruntersuchung zu eröffnen, dürften schon jetzt zu den größten Seltenheit gehört haben. Andererseits erfordert das Interesse des Staatsanwalts ebenso wie dasjenige des Angeklagten, nur möglichst gut fundirte Anklagen zu erheben.

§ 199 und 206 Abs. 2 St.P.O. sollen durch die Novelle beseitigt werden. Es wird mithin in Zukunft nicht mehr dem Angeklagten die Anklageschrift mit der Aufforderung zugehen, sich innerhalb bestimmer Frist zu erklären, ob er eine Voruntersuchung oder die Vornahme einzelner Beweiserhebungen vor der Hauptverhandlung beantragen oder Einwendungen gegen die Eröffnung des Hauptverfahrens vorbringen wolle. Die Motive rechtfertigen diese Neuerung in folgender Weise: „Das durch § 199 der Strafprozeßordnung eingeführte Zwischenverfahren gehört zu denjenigen Vorkehrungen, welche hauptsächlich mit Rücksicht auf das Fehlen einer Berufung in das Gesetz aufgenommen worden sind. Die Vorschrift hat sich als eine besonders unzweckmäßige erwiesen, denn die Befolgung derselben führt regelmäßig zu einer erheblichen Verschleppung des Prozesses, während sie andererseits dem Angeklagten diejenigen Vortheile nicht einmal gewährt, auf welche sie abzielt. Nach Einführung der Berufung bedarf es der Aufrechterhaltung der Bestimmung jedenfalls nicht mehr.

Allerdings soll die Aufhebung der letzteren in weiterem Umfange, als die Zulassung des bezeichneten Rechtsmittels erfolgen, nämlich auch für das Verfahren vor dem Reichsgericht und vor dem Schwurgericht. In diesen Strafsachen rechtfertigt sich ihre Beseitigung aber durch die für dieselben obligatorisch vorgeschriebene Voruntersuchung, durch welche die Sache bereits gründlich vorbereitet und dem Angeschuldigten richterliches Gehör gewährt ist, sowie durch den Umstand, daß dem Angeklagten in der Hauptverhandlung ein Vertheidiger zur Seite stehen muß. Diese beiden Umstände bieten hinlängliche Gewähr dafür, daß sein Interesse gehörig wahrgenommen und er in seiner Vertheidigung nicht beschränkt werde."

Den Motiven ist beizupflichten, daß der bisherige § 199 St.P.O. das Verfahren erheblich verschleppt und den Beschuldigten wenig Nutzen gebracht hat, da er nur selten zu Anträgen benutzt ist. Die Anklageschrift soll künftighin in Abänderung des § 214 St. P. O. dem Angeklagten mit dem Eröffnungsbeschluß zugestellt werden. Unschlüssig ist aber die Ausführung des Gesetzgebers, daß im Verfahren vor Reichsgericht und Schwurgericht sich die Kautelen des § 199 zum Theil um deswillen erübrigen, weil dem Angeklagten in der Hauptverhandlung ein Vertheidiger zur Seite stehe. Eine unvollständig geführte Voruntersuchung kann doch durch den Vertheidiger der Hauptverhandlung nicht ergänzt werden. Möglicherweise würde eine Vervollständigung der Voruntersuchung einen Einstellungsbeschluß zur Folge gehabt haben. Als Aequivalent für die dem Beschuldigten entzogenen Rechte kann nur die Zuziehung des Vertheidigers in der Voruntersuchung gelten, eine Forderung, die bereits von andern Gesichtspunkten aus erhoben ist.

Eine vom Bundesrath beschlossene Abänderung des § 208 St.P.O. ermöglicht die Niederschlagung des Verfahrens wegen unbedeutender Delikte, sofern die Angeschuldigten zu erheblicher Freiheitsstrafe bereits verurteilt sind. Die Neuerung empfiehlt sich aus praktischen Gründen.

Eine Abänderung des § 211 St.P.O. und Einschiebung einiger neuer Paragraphen bezweckt, in gewissen Fällen ein summarisches und besonders beschleunigtes Verfahren zuzulassen. Schon nach bisherigem Recht konnte vor den Schöffengerichten ohne schriftlich erhobene Anklage und ohne eine Entscheidung über die Eröffnung des Hauptverfahrens zur Hauptverhandlung geschritten werden, wenn der Beschuldigte sich entweder freiwillig stellte oder in Folge einer vorläufigen Festnahme dem Gerichte vorgeführt oder nur wegen Uebertretung verfolgt wurde. Die Vorschrift ist nicht in sehr erheblichem Umfange praktisch geworden. Die Gründe hierfür liegen auf der Hand. Regelmäßig sind die vorausbestimmten nächsten Schöffensitzungstage mit anberaumten Terminen so besetzt, daß ohne Noth der Richter an diesen Tagen nicht noch weitere Verhandlungen vornehmen mag. Stellt sich der Beschuldigte dem Gericht freiwillig, ein Fall, welcher übrigens äußerst selten ist, so pflegt die Sache dringende Eile nicht zu erfordern. Wird der Beschuldigte dem Gericht in Folge vorläufiger Festnahme vorgeführt, so sind gewöhnlich Amtsanwalt, Schöffen und Beweispersonen nicht zur Stelle. Wird er nur wegen Uebertretung verfolgt, so ist die Sache auch nur dann als eilig zu bezeichnen, wenn der Beschuldigte in Haft ist. In letzterem Falle, also insbesondere gegenüber Bettlern, Landstreichern, Prostituirten kommt denn auch das summarische Verfahren fast allein zur Anwendung.

Die Novelle will nun auch den Strafkammern gegenüber gewissen Personen das Recht und die Pflicht zu sofortiger Aburtheilung nach summarischer Verhandlung geben. Die Entscheidung, ob ein solches Verfahren angezeigt erscheint, ist aber nicht dem Gericht, sondern der Staatsanwaltschaft anvertraut. Der Staatsanwalt kann den Antrag auf sofortige Aburtheilung stellen, das Gericht hat in diesem Falle sofort oder spätestens 2 Tage später zur Aburtheilung zu schreiten. Durch die letztgedachte Vorschrift wird die Schwierigkeit beseitigt, daß die zur Rechtsprechung erforderlichen Beamten meist im Augenblick der Vorführung nicht versammelt sind. Das summarische Verfahren vor den Strafkammern soll zur Anwendung kommen gegenüber Personen, welche auf frischer That betroffen oder verfolgt und vorläufig festgenommen sind. Dasselbe soll für die Schöffengerichte neben den bisher schon bestehenden Vorschriften gelten.

Die ordnungsmäßige Zeugenladung soll in solchen Fällen mündlich erfolgen dürfen und in Fällen, in denen die Sache nicht spruchreif erscheint, sowohl eine Vertagung als auch Eröffnung der Voruntersuchung zulässig sein.

Die Motive weisen darauf hin, daß in England und Frankreich eine Einrichtung bestehe, nach welcher auf frischer That ertappte und ergriffene Personen kurzer Hand dem Gericht nebst den Beweismitteln vorgeführt und von diesem nach sofortigem Eintritt in die Hauptverhandlung unverzüglich abgeurtheilt werden. Diese Einrichtung habe sich in beiden Ländern bewährt. Besonders in größeren Städten habe sich gegenüber den daselbst in der Oeffentlichkeit vielfach auftretenden bedenklichen Elementen, sowie bei Störungen des öffentlichen Friedens und der öffentlichen Ordnung diese beschleunigte Prozedur als werthvoll erwiesen. In Paris habe die Aburtheilung eines großen Theils der Theilnehmer an öffentlichen Excessen schon am Tage nach der That stattgefunden.

Der letztgedachte Hinweis erscheint nicht besonders glücklich. Es mag anerkannt werden, daß Schleunigkeit der Justiz deren Wirkung sehr erheblich verstärkt und Vertrauen auf die Rechtspflege erweckt. Allein dies doch nur, wenn eine Gewähr dafür besteht, daß unter der Promptheit nicht die Gründlichkeit leidet, und daß nicht die Erregung des Augenblicks das klare Auge des Richters und des Zeugen trübt. Eine solche Gefahr besteht aber in politisch aufgeregten Zeiten. Ein Mißgriff der Polizeibeamten bei Straßenkrawallen, ein in der Hitze des Kampfes nur zu leicht entstehender Irrthum kann zu Verhaftungen und gleich darauf zu Verurtheilungen führen, ohne daß für den Verhafteten irgend welche Möglichkeit besteht, einen Entlastungsbeweis vorzubereiten und anzutreten. Der Richter, welcher doch auch nur Mensch ist und in den Parteikämpfen seiner Empfindung nach auf einer

Seite steht, wird bei unmittelbarer Aburtheilung leicht die richtige Abmessung der Strafe verfehlen. Dies sind Gefahren, welche dem Ansehen der Rechtspflege mehr schaden, als deren Schleunigkeit ihm nützen kann. Will man mithin das summarische Verfahren einführen — und gewichtige Gründe sprechen allerdings dafür — so ist als mindestes Aequivalent dafür zu fordern, daß vor der Strafkammer dem Beschuldigten stets sofort ein Vertheidiger von Amtswegen bestellt werde. — Es mag noch ausdrücklich darauf hingewiesen werden, daß in Frankreich politische und Preßdelikte von dem summarischen Verfahren ausgenommen sind, ohne daß sich doch die gleiche Ausnahme für Deutschland ohne weiteres rechtfertigen ließe.

Die Novelle schlägt weiterhin für das schöffengerichtliche Verfahren eine Abkürzung der Ladungsfrist auf 3 Tage vor, womit man sich wohl einverstanden erklären kann.

Ebenso zu billigen ist die Einschiebung eines neuen § 224a, welcher dem Staatsanwalt Disposition über die Anklage einräumt und vorschreibt, daß vor der Hauptverhandlung auf Grund neu hervorgetretener Umstände zu Gunsten des Angeklagten die Wiederaufhebung des Eröffnungsbeschlusses und anderweite Beschlußfassung beantragt werden darf.

Die Vorschriften über das Kontumazialverfahren werden durchgreifend geändert. Bisher ist eine Hauptverhandlung ohne Anwesenheit des Angeklagten nur in sehr beschränktem Umfange zulässig. Sofern sein Aufenthalt unbekannt ist, kann gegen ihn verhandelt werden wegen solcher Delikte, die nur mit Geldstrafe und Einziehung bedroht sind. Erscheint ein Angeklagter trotz ordnungsmäßiger Ladung nicht, so darf die Hauptverhandlung stattfinden, wenn die den Gegenstand der Untersuchung bildende That nur mit Geldstrafe, Haft oder Einziehung bedroht und in der Ladung auf die Zulässigkeit des Kontumazialverfahrens hingewiesen ist. Auf seinen Antrag kann der Angeklagte von der Verpflichtung zum Erscheinen in der Hauptverhandlung entbunden werden, sofern voraussichtlich höchstens eine sechswöchentliche Freiheitsstrafe zu erwarten steht. Ueber dieses Strafmaß darf dann das Gericht auch nicht hinausgehen. Die Motive machen diesen geltenden Bestimmungen zum Vorwurf, daß sie bei dem häufigen Nichterscheinen der Angeklagten zu zahlreichen Vertagungen, damit aber zur Verschleppung der Strafverfolgung, zur Belastung der Staatskasse mit Zeugengebühren, der Justizbeamten und Vertheidiger mit nutzloser Arbeit führen. Den Angeklagten — besonders soweit sie unbemittelt sind und vom Gerichtsort entfernt wohnen, erwachse aus der Verpflichtung zum Erscheinen eine schwere Belastung; häufig erfolge mangels ausreichender Mittel zur Reise ihre Vorführung zum Termin, welche natürlich sehr deprimirend wirke. Es sei vorgekommen, daß Personen, die wegen geringfügiger Vergehen angeklagt waren, vom Rhein bis in den äußersten Osten transportirt werden mußten. Die Rückreise hatten solche Personen auf eigene Kosten zu bewirken. Die gerügten Uebelstände sind in gewissem Maße anzuerkennen, wenngleich nicht in dem behaupteten Umfange. Wenn wirklich Angeklagte wegen geringfügiger Vergehen vom Rhein in den äußersten Osten transportirt sind, so kann dies entweder durch die Lage der Sache (Nothwendigkeit von Konfrontationen und dergl. mehr) geboten gewesen sein, oder aber der Richter hat von der Ermächtigung des § 232 St. P. O. nicht den geeigneten Gebrauch gemacht. Allerdings kennen ja die meisten Angeklagten ihr ihnen in dem gedachten Paragraphen verliehenes Recht nicht; allein es ist, soweit diesseits bekannt, durchaus Gerichtsgebrauch, sie richterlicherseits darauf hinzuweisen und anzufragen, ob sie von demselben Gebrauch machen wollen. Andererseits können Vergehen, für welche mehr als 6 Wochen Freiheitsstrafe zu verhängen sind, als geringfügige nicht angesehen werden.

Den gerügten Mängeln will die Novelle dadurch entgegentreten, daß das Schöffengericht und die Strafkammern bei allen Arten von Straffällen befugt sein sollen, gegen den ohne genügende Entschuldigung ausgebliebenen Angeklagten zu verhandeln und zu erkennen, sofern sie die Anhörung des Angeklagten zur Aufklärung der Sache nicht für erforderlich halten. Auf diese Befugniß soll der Angeklagte in der Ladung hingewiesen werden. Hält das Gericht die Anhörung des Angeklagten für erforderlich, so soll es seine Vorführung oder Verhaftung anordnen oder aber ihn wegen weiter Entfernung des Aufenthaltsorts kommissarisch vernehmen lassen. Für Schwurgericht und Reichsgericht soll es im Wesentlichen bei den bestehenden Vorschriften bleiben mit der Modifikation, daß nach Vernehmung des Angeklagten die Verhandlung nach Ermessen des Gerichts auch in dem Falle zu Ende geführt werden darf, daß sich der Angeklagte aus dem Sitzungszimmer entfernt.

Diese Bestimmungen geben zu den größten Bedenken Anlaß;

sie enthalten einen erheblichen Einbruch in das Prinzip der Mündlichkeit. Denn praktisch wird an Stelle des richterlichen Gehörs in zahlreichen Fällen das polizeiliche und an Stelle von Rede und Gegenrede der Inhalt von Protokollen treten. Der nicht erschienene Angeklagte ist im Vorverfahren meist polizeilich, mitunter, besonders wenn Voruntersuchung stattgefunden hat, gerichtlich vernommen. Polizeiliche Protokolle dürfen in der Hauptverhandlung nicht verlesen werden; allein der Richter kennt deren Inhalt und wird sich kaum von einer Beeinflussung durch diese Kenntniß frei halten können. Protokolle über gerichtliche Vernehmungen sollen in der Hauptverhandlung verlesen werden. Nun sind solche Vernehmungen häufig bewirkt, ohne daß der Beschuldigte Kenntniß von den Zeugenaussagen hat; es ist mithin dem Angeklagten ganz unmöglich gemacht, Irrthümer der Zeugen aufzuklären oder zu berichtigen. Zwar soll nach der Novelle die Kontumazialverhandlung nur stattfinden, wenn nach Ansicht des Gerichts die Anhörung des Angeklagten zur Aufklärung des Sachverhalts nicht erforderlich erscheint. Allein diese Vorschrift wird sicherlich von ganz geringer praktischer Bedeutung sein und regelmäßig nur dann zur Anwendung kommen, wenn behufs Feststellung der Identität des Angeklagten eine Konfrontation erforderlich wird. Denn die Aufklärung des Sachverhalts wird der Richter durch die Belastungszeugen, wenn eine zu berücksichtigende richterliche Vernehmung des Angeklagten gar nicht erfolgt ist, stets, andernfalls meist annehmen. Zweifel an der Glaubwürdigkeit von Zeugen können immer erst bei der Gegenüberstellung mit dem Angeklagten entstehen. Auch der in die Ladung aufzunehmende Hinweis auf die Zulässigkeit des Kontumazialverfahrens bildet für den Angeklagten in zahlreichen Fällen keinen Schutz. Denn die ordnungsmäßige Zustellung der Ladung bietet keine Gewähr dafür, daß letztere wirklich in die Hände des Geladenen gelangt. Wird der Adressat nicht persönlich angetroffen, so kann das zuzustellende Schriftstück einem Familienangehörigen, einem Hausgenossen übergeben werden, ja die ordnungsmäßige Zustellung ist auch erfolgt, wenn die Ladung auf der Gerichtsschreiberei des Amtsgerichts, bei Gemeindevorsteher, Polizeivorsteher oder Postamt niedergelegt wird. Der Fall ist durchaus kein seltener, daß trotz ordnungsmäßiger Zustellung der Angeklagte keine Kenntniß von der gegen ihn anstehenden Hauptverhandlung erhält. Nach den Vorschriften der Novelle würde er mithin der Möglichkeit, seine Rechte zu vertreten, verlustig gehen. Da nun ein unglücklicher Zufall es wohl möglich machen kann, daß auch das ergangene Urtheil trotz ordnungsmäßiger Zustellung den Adressaten nicht erreicht, so würde eine rechtskräftige Verurtheilung ermöglicht werden, ohne daß der Angeklagte überhaupt rechtliches Gehör erlangt hat. Aber selbst wenn sich die Umstände nicht so unglücklich verketten sollten, so wäre doch sehr zweifelhaft, ob der Angeklagte in der Berufungsinstanz das Versäumte würde nachholen können. Denn abgesehen davon, daß die Durchführung der Berufung, worüber nachher ausführlicher zu verhandeln, gewisse Rechtskenntnisse bei den Angeklagten voraussetzt, deren diese großentheils ermangeln, so ist nach der Novelle auch in der Berufungsinstanz das Kontumazialverfahren zulässig und damit bei vielen Angeklagten — man denke z. B. an Handlungsreisende, welche wenig zu Hause sind — eine neue Verkürzung ihrer Rechte ermöglicht. Die zulässige Wiedereinsetzung in den vorigen Stand wird häufig aus Rechtsunkenntniß nicht beantragt.

Daß übrigens die wesentlichsten Mängel des bisherigen Zustandes durch die Novelle nicht beseitigt würden, zeigt folgender beispielsweise mitzutheilender Fall. Eine noch unbescholtene Person war in Berlin der Übertretung sittenpolizeilicher Vorschriften angeklagt. Sie war inzwischen nach München gereist und hatte dort eine Stellung gefunden, welche sie ernährte. Die Lage der Sache machte eine Konfrontation mit dem belastenden Polizeibeamten erforderlich; da die Angeklagte nicht freiwillig erschien, wurde sie von München nach Berlin transportiert, zu einem Tage Haft verurteilt und dann mittellos auf die Straße gesetzt. Solchen in der That höchst bedauernswerten Konsequenzen kann nur vorgebeugt werden dadurch, daß Freigesprochenen die erforderlichen Reisekosten stets, Verurtheilten die Kosten einer Rückreise nach Ermessen des Gerichts ersetzt werden bezw. die Staatsanwaltschaft Anklagen wegen Übertretungen auch nach Eröffnung der Hauptverhandlung zurücknehmen darf, wenn Kosten und Mühe der Untersuchung außer Verhältnis zu dem bei der Untersuchung obwaltenden öffentlichen Interesse stehen.

Im Übrigen aber verdienen die bestehenden Vorschriften weitaus den Vorzug vor denjenigen der Novelle.

Es mag noch darauf hingewiesen werden, daß die Vertretung eines ausgebliebenen Angeklagten durch einen Vertheidiger dann zulässig sein soll, wenn die den Gegenstand der Untersuchung bildende

That mit Geldstrafe, Haft oder Einziehung bedroht ist, sowie wenn der Angeklagte wegen großer Entfernung sein Ausbleiben in der Hauptverhandlung angekündigt hat, jedoch nicht, wenn er ohne solche Ankündigung ausgeblieben ist. Der Grund für diese Unterscheidung ist nicht ersichtlich; er setzt bei dem Angeklagten eine regelmäßig nicht vorhandene Kenntnis der strafprozessualen Vorschriften voraus, verhindert außerdem, Vertheidigungsmaßregeln noch im letzten Augenblick, etwa durch telegraphische Beauftragung eines Vertheidigers zur Anwendung zu bringen.

Eine Abänderung des § 237 soll den Vorsitzenden ermächtigen, in einzelnen Sachen die Leitung oder etwa erforderliche Vernehmungen einem Beisitzer zu übertragen. Dem Vorsitzenden wird hierdurch für anstrengende Sitzungen eine gewisse Erleichterung geschafft; ob sie aber geneigt sein werden, freiwillig zu abdiciren und implicite einzugestehen, daß sie den Erfordernissen ihres Amtes nicht gewachsen sind, erscheint zweifelhaft.

Ein Abänderungsvorschlag in Bezug auf § 244 St.P.O. schlägt vor, auch den Strafkammern und Berufungssenaten wie bisher den Schöffengerichten das Recht zu verleihen, den Umfang der Beweisaufnahme nach freiem Ermessen zu bestimmen, während es für Reichsgericht und Schwurgericht bei dem bisherigen Verfahren sein Bewenden haben soll. Die Motive führen aus, daß die bisherigen Vorschriften, nach welchen sämmtliche herbeigeschafften Beweismittel zu benutzen sind, vom Angeklagten nicht selten mißbraucht seien, daß infolge dessen die Zeit der Gerichte vielfach auf die Behandlung unerheblicher Dinge verschwendet, die Beweisaufnahme verwickelt, der Anlaß zu Vertagungen und Verschleppungen gegeben und einer tendenziösen Ausbeutung der Oeffentlichkeit der Gerichtsverhandlungen zur Erörterung von Vorkommnissen Raum geschaffen werde, welche, mit dem Gegenstande der Verhandlung selbst nur in losem Zusammenhange stehend, geeignet seien, die berechtigten Interessen und das Empfinden der an der Sache betheiligten Personen ohne genügenden Grund empfindlich zu verletzen.

Zweifellos haben sich alle diese Nachtheile in einer Anzahl politischer und sensationeller Prozesse mit sozialer Färbung herausgestellt. Aber wie verschwindend klein ist deren Zahl im Vergleich zu den Fällen, in welchen trotz der heute geltenden strengeren Vorschriften Strafkammerurtheile wegen Beschränkung in der Vertheidigung aufgehoben werden mußten. Ein Blick auf die veröffentlichten

Entscheidungen des Reichsgerichts beweist dies; jeder Sachkenner wird es bestätigen. Es ist durchaus menschlich, daß bei einer wohlerwogenen Anklage, wenn die Belastungsbeweise ihre Schuldigkeit gethan haben und das Gericht mit drängenden Geschäften, wie üblich, schwer belastet ist, alle weiteren Beweisanträge mit der Begründung abgelehnt werden, daß die Sache wohl aufgeklärt erscheint und die richterliche Ueberzeugung fest begründet sei. Und dennoch, welcher Vorsitzende hätte es nicht bereits erlebt, daß nach langen, ermüdenden und völlig unerheblichen Vernehmungen ein einziger Entlastungszeuge das wohlgefügte Gebäude der Anklage schwer zu erschüttern im Stande ist? Eine Ablehnung von Beweisanträgen läßt sich in den seltensten Fällen rechtfertigen, weil nie im Voraus zu übersehen ist, welchen Einfluß die herbeigeschafften Beweise auf den Gang des Verfahrens haben werden. Diese seltenen Fälle aber verlohnen wahrlich nicht, die werthvolle Garantie eines gerechten Verfahrens, welche durch § 244 St.P.O. geboten ist, über Bord zu werfen.

Die Motive sagen wörtlich: „Mit Einführung der Berufung in den landgerichtlichen Strafsachen wird für diese Sachen der § 244 unbedenklich wegfallen können. In denjenigen Sachen, in denen eine Berufung nicht stattfindet, soll er beibehalten werden.“ Allein welchen Vortheil hat der in seiner Vertheidigung in erster Instanz bereits unzulässig beschränkte Angeklagte, wenn er auch in der Berufungsinstanz nicht die Sicherheit hat, daß die von ihm herbeigeschafften Beweismittel benutzt werden? Die zu stellende Mindestforderung ist die, daß die bestehenden Vorschriften nicht nur für das Verfahren vor Schwurgericht und Reichsgericht, sondern auch vor den Berufungsgerichten ganz allgemeine Geltung behalten.

Eher kann man mit Rücksicht auf die Einführung der Berufung der Ausdehnung des § 264 Abs. 5 St.P.O. auch auf die Strafkammern zustimmen. Eine Vertagung bei Veränderung rechtlicher Gesichtspunkte dürfte in erster Instanz nicht mehr erforderlich erscheinen.

Ein Zusatz zu § 266 Abs. 1 St.P.O. verlangt in dem Urtheil neben einer Angabe der für erwiesen erachteten Thatsachen auch eine Mittheilung über die Gründe, welche für die richterliche Ueberzeugung maßgebend gewesen sind. Die Vorschrift ist eigentlich selbstverständlich, und obwohl sie bisher nicht im Gesetz stand, von allen sorgfältig arbeitenden Urtheilsfassern auch beobachtet worden. Die

Klagen waren aber zahlreich, daß in häufigen Fällen die Urtheile nicht sorgfältig gearbeitet waren, daß sich Fehlschlüsse und rechtsirrthümliche Konklusionen aus den Urtheilsgründen wegen skizzenhafter Abfassung nicht erkennen ließen, und in Folge dessen gerade die Urtheile, welche am meisten revisionsbedürftig waren, am schwersten mit dem Rechtsmittel der Revision angegriffen werden konnten. Da eine Verletzung des § 266 St.P.O. als Revisionsgrund zu betrachten ist, so wird in der That die Wirkung der ergänzenden Vorschrift der Novelle eine für die Gründlichkeit der Rechtsprechung erfreuliche sein. Ebenso erwünscht ist die Neuerung der Novelle, daß den Betheiligten — Staatsanwalt und Angeklagten — ein Einfluß auf die Feststellung des Protokolls der Hauptverhandlung eingeräumt werden soll. Warum § 273a der Novelle diese Konzession aber nur in Bezug auf die vorgeschriebenen Förmlichkeiten macht, ist nicht recht erfindlich; es wäre wünschenswerth — wenigstens so lange die Forderung stenographischer Protokolle noch nicht erfüllt ist — auch einzelne Theile der Vernehmungen oder sonstige Aeußerungen auf Antrag protokollarisch feststellen zu lassen; denn was als wesentliche Ergebnisse der Vernehmungen (vgl. § 273 Abs. 1 der Novelle) anzusehen, kann sehr verschiedener Beurtheilung unterliegen.

Eine Abänderung des § 300 will dem Schwurgerichtsvorsitzenden Recht und Pflicht auferlegen, den Geschworenen am Schluß der Verhandlung außer einer Belehrung über die rechtlichen Gesichtspunkte auch eine Uebersicht über die Ergebnisse der Verhandlung zu ertheilen. Es soll damit außer den Plaidoyers des Staatsanwalts und Vertheidigers auch ein solches des Vorsitzenden eingeführt werden. Denn da das Ergebniß einer Verhandlung sich im Kopfe eines Mannes doch immer nur individuell spiegelt, dessen Darstellung auch nicht mit Unterdrückung der eigenen Ansicht erfolgen kann, dabei ferner naturgemäß der Wunsch empfunden wird, daß die Geschworenen zu einem nach Ansicht des Vorsitzenden sachgemäßen Verdikt gelangen, so wird in der That der Schlußvortrag des Vorsitzenden zu einem Plaidoyer. Die heute geltende Vorschrift war sachlich schon mit gleichem Inhalt im Regierungsentwurf zur Reichs-Strafprozeßordnung enthalten und wurde einer wesentlichen Anfechtung in der augenblicklich beliebten Richtung nicht unterzogen.

Zur Begründung der jetzt geplanten Aenderung machen die Motive S. 60 folgende Ausführungen: „Die wachsenden Klagen der Gerichte und Staatsanwaltschaften über die zunehmende Zahl von Fehlsprüchen der Geschworenen müssen zum Theil darauf zurückgeführt werden, daß die Rechtsbelehrung des Vorsitzenden nicht ausreicht, um den Geschworenen hinreichende Klarheit über die Lage der Sache zu verschaffen." — — Die vom Vorsitzenden zu gebende Uebersicht soll sich übrigens auf die Zusammenstellung der Ergebnisse der Verhandlung beschränken und es vermeiden, die eigene Ansicht desselben über die Schuldfrage auszudrücken. Seine Darstellung soll hinsichtlich des Thatsächlichen klärend nach den öfters verwirrenden Widersprüchen zwischen den Plaidoyers wirken, jedoch von Beeinflussung der Geschworenen mit Bezug auf ihren Spruch sich fern halten."

Allein es sollte dennoch besser bei dem Bestehenden sein Bewenden behalten. Daß die Vorsitzenden in Zukunft bei der Schlußdarstellung auf Mittheilung der eigenen Ansicht über die Schuldfrage verzichten, ist nicht anzunehmen. Es wird ihnen hiermit eine Aufgabe gestellt, welche in den meisten Fällen über menschliches Können hinausgeht. Denn wie ist es möglich, eine zusammenfassende Darstellung und Würdigung der erhobenen Beweise zu geben — und darauf läuft doch die Uebersicht über die Ergebnisse der Verhandlung hinaus —, ohne die eigene Auffassung durchblicken zu lassen? Ueberdies ist es notorisch, daß die Neigung zur Objektivirung gegenüber Geschworenen nicht sonderlich groß ist, daß vielmehr auch unter den heutigen beschränkenden Vorschriften oft genug die Auffassung der Schwurgerichtsvorsitzenden vom Resultat der Verhandlung zum deutlichen Ausdruck gelangt. Andererseits ist nicht einmal anzunehmen — sichere Erfahrungen darüber lassen sich ja nicht sammeln —, daß die Belehrung von günstigem Einfluß auf die Geschworenensprüche sein werde. Das Resumé verleiht dem Vorsitzenden nicht selten den Schein der Befangenheit; sein Einfluß auf die Geschworenen ist ein unberechenbarer. Wenn der Vorsitzende das Richtige trifft, so wird dies die Geschworenen — bei ihrer in Deutschland so häufig vorhandenen Selbständigkeit und Oppositionslust — nicht selten veranlassen, ihr Votum im entgegengesetzten Sinne abzugeben; andererseits kann auch ein subjektiv gefärbtes Resumé bei gedankenlosen und schwachen Geschworenen zu bedenklichen Verdikten führen. Durch solche Mittel kann den Schwurgerichten bei uns nicht aufgeholfen werden; sie verhüllen nur deren Gebrechen für kurze Zeit, während der Kampf zu Gunsten der großen Schöffengerichte mit aller Kraft geführt werden sollte.

Weiterhin sieht die Novelle die Einführung der Berufung auch gegen die Urtheile der Strafkammern in erster Instanz vor. Es ist seit Jahren über die Nothwendigkeit der Berufung einerseits, deren Schädlichkeit andererseits so viel gesprochen und geschrieben, daß es sich erübrigt, dem noch Weiteres hinzuzufügen. Es ist ebenso wenig zu bestreiten, daß Fehlsprüche vorgekommen sind, welche in der Berufungsinstanz hätten ausgeglichen werden können, als daß die Berufung in das ganze Verfahren der Strafprozeßordnung nicht hineinpaßt und zum mindesten dessen erhebliche Verzögerung zur unliebsamen Folge hat. Es kann ferner nicht bestritten werden, daß für Geschworenensprüche die Berufung am allernothwendigsten wäre, und daß gerade hier ihre Einführung nicht angängig erscheint. Dennoch scheint der Streit thatsächlich entschieden; mit immer größerer Energie hat die öffentliche Meinung die Wiedereinführung der Berufung gegen erstinstanzliche Strafkammerurtheile gefordert; sollte selbst die jetzige Novelle nicht zur Verabschiedung gelangen, so dürfte doch ein dauernder Widerstand gegen die Volksströmung nicht möglich sein; es wird daher nur noch darauf ankommen, die Berufung so auszugestalten, daß sie nach menschlichem Ermessen der Ermittelung materieller Wahrheit und damit der Gerechtigkeit dient. Daß dies von der Novelle geschehen, kann mit Fug nicht behauptet werden. Schon das bisherige Recht enthielt anfechtbare Vorschriften, welche durch die Novelle noch erheblich bedenklicher gestaltet werden sollen. Verfasser wird niemals das Gefühl der Depression vergessen, welches ihn beschlich, als die Berufung gegen ein unter seinem Vorsitz erlassenes irrthümliches Urtheil um deswillen von der Strafkammer verworfen wurde, weil der Angeklagte, ein armer Mann, vielleicht weil die Reisekosten ihm zu hoch waren, vielleicht auch aus Unkenntniß in der Hauptverhandlung nicht erschien. Der Strafprozeß sollte doch lediglich der Ermittelung materieller Wahrheit dienen und möglichst wenig Ansprüche an die Gesetzeskenntniß und die Geschäftsgewandtheit der Angeklagten stellen. Denn es sind die schlechtesten Elemente, welche auf kriminellem Gebiete Rechtskenntnisse besitzen, und das Strafverfahren ist sicher nicht das geeignete Gebiet, die Leute zur Selbständigkeit zu erziehen. Anlaß zu vorstehenden Bemerkungen geben die §§ 358, 360, 370 der Novelle. Während nach bisherigem Recht die Einlegung der Berufung genügte, deren Rechtfertigung nicht erforderlich war, so muß nach dem Vorschlage der Novelle der Beschwerdeführer die Berufung rechtfertigen, widrigenfalls das Rechtsmittel zu verwerfen ist. Die Motive sagen, eine Rechtfertigung werde verlangt, um einen frivolen Mißbrauch des Rechtsmittels zu verhüten. Daß das Verlangen diesen praktischen Erfolg nicht haben wird, ist mit größter Sicherheit vorauszusagen. Denn da nach der Novelle die Rechtfertigung schon dann für ausreichend erachtet werden soll, wenn nur angegeben ist, ob die Entscheidung über die Schuldfrage oder ob ein anderer Theil des Urtheils angegriffen werde, so wird es auch dem Frivolsten möglich sein, seine Berufung zu rechtfertigen, ohne daß doch aus der Rechtfertigung die Frivolität ersichtlich ist. Andererseits wird die erwähnte Vorschrift ein Fallstrick für ehrliche Leute werden, welche die Strafprozeßordnung nicht kennen und schuldlos des Rechtsmittels verlustig gehen können, welches ihnen die Verwirklichung ihres Rechts verbürgen soll. Die einwöchige Rechtfertigungsfrist verschleppt überflüssigerweise das Verfahren; sie kann ohne Nachtheil entbehrt werden. Es dürfte sich eine Vorschrift dahin empfehlen, daß der Angeklagte, welcher seine Berufung nicht gleich bei der Einlegung gerechtfertigt hat, sofort zur Rechtfertigung in die Gerichtsschreiberei des Gerichts erster Instanz zu laden sei. Denn schon vor der Urtheilszustellung wird jeder Angeklagte anzugeben wissen, ob er sich durch die Entscheidung in der Schuldfrage, durch die Strafhöhe oder sonstige Nebenpunkte beschwert fühlt.

Die Kontumazialfolgen in der Berufungsinstanz sind gegen das geltende Recht insofern gemildert, als bei Nichterscheinen des Beschwerdeführers auf dessen Antrag in seiner Abwesenheit verhandelt werden darf; sie sind aber andererseits verschärft, da über Berufungen des Staatsanwalts in Abwesenheit des nicht genügend entschuldigten Angeklagten stets verhandelt werden muß, während bisher dessen Verhaftung oder Vorführung erfolgen durfte. Alles, was über das Kontumazialverfahren in erster Instanz bereits oben gesagt ist, findet hier volle Anwendung; man müßte dem Angeklagten das Recht zugestehen, Antrag auf Entbindung von der Verpflichtung zum Erscheinen in der Hauptverhandlung zu stellen, dürfte aber, wenn von diesem Recht nicht Gebrauch gemacht ist, nur in dessen Anwesenheit verhandeln. Daß ein vom Angeklagten gestellter Antrag nach Ermessen des Gerichts abgelehnt werden könnte, bedarf keiner besonderen Erwähnung.

Der in der Novelle enthaltene Vorschlag, Protokolle über die in der ersten Instanz gemachten Aussagen als Beweismittel in zweiter

Instanz nach Ermessen des Gerichts zuzulassen, ist glücklicherweise durch den Bundesrath beseitigt; in beschränktem Maße ist solche Verlesung aber bereits heute zulässig (vgl. § 366 R. Str.-Pr.-Ordn.) und dies soll beibehalten werden, bezw. auch für die Berufungssenate der Oberlandesgerichte gelten. Nach dem, was bereits oben über die Unzuverlässigkeit der heutigen Protokollaufnahme gesagt ist, empfiehlt es sich, diese Bestimmung vorläufig zu beseitigen und erst dann wieder einzuführen, wenn die Stenographie ihr Bürgerrecht im Strafverfahren erworben hat.

Die Zustellung des Urtheils, sowohl wenn Berufung als wenn Revision eingelegt ist, an den Beschwerdeführer soll künftighin ohne weiteres durch den Gerichtsschreiber erfolgen, ohne daß wie bisher eine besondere Verfügung des Richters erforderlich wäre.

Eine Streichung des § 380 Str.-Pr.-Ordn. bezweckt die Berufungsurtheile der Strafkammern deren übrigen Urtheilen bezüglich der Revisibilität gleichzustellen; man kann die genannten Vorschläge nur völlig billigen.

Dagegen unterliegt die vom Entwurf in Aussicht genommene Beschränkung des Wiederaufnahmeverfahrens den allerernstesten Bedenken. Nach § 399 Ziff. 5 der geltenden Str.-Pr.-Ordn. soll die Wiederaufnahme eines durch rechtskräftiges Urtheil geschlossenen Verfahrens dann erfolgen, „wenn neue Thatsachen oder Beweismittel beigebracht sind, welche allein oder in Verbindung mit den früher erhobenen Beweisen die Freisprechung des Angeklagten oder in Anwendung eines milderen Strafgesetzes eine geringere Bestrafung zu begründen, geeignet sind". Die Novelle will diese Vorschrift dahin abändern, daß die Wiederaufnahme nur dann zugelassen werden soll, wenn durch die neuen Thatsachen oder Beweismittel sich die Unschuld des Verurtheilten, sei es bezüglich der ihm zur Last gelegten That überhaupt, sei es bezüglich eines die Anwendung eines schwereren Strafgesetzes begründenden Umstandes ergiebt. Die Motive rechtfertigen diese Neuerung zunächst im Hinblick auf die neu einzuführende Entschädigung unschuldig Verurtheilter. Eine nähere Erörterung dieses Punktes soll weiter unten erfolgen. Hier mag nur darauf hingewiesen werden, daß es nicht angängig erscheint, mit Rücksicht darauf, daß den Opfern falscher Rechtsprechung Ersatz des Schadens bewilligt wird, die Garantieen für Berichtigung falscher Rechtsprüche zu vermindern.

Die Motive sagen nun allerdings, das Bedürfniß nach einer Abänderung des § 399 Ziff. 5 Str.-Pr.-Ordn. sei auch, abgesehen von der Entschädigungsfrage, anzuerkennen. Nach dem heute geltenden Recht bestehe eine große Wahrscheinlichkeit für Freisprechung im Wiederaufnahmeverfahren, wenn seit der ersten Verurtheilung einige Jahre vergangen sind. Ein Schuldbeweis lasse sich nach geraumer Zeit immer schwerer führen, da Belastungszeugen sterben oder die Vorfälle nicht mehr genau im Gedächtniß behalten oder sonstige Beweismittel verloren gehen. Da die Richter im Wiederaufnahmeverfahren aber nur die ihnen vorgeführten Beweismittel würdigen dürften, so könne eine Freisprechung selbst dann erfolgen, wenn die neuen Thatsachen oder Beweismittel, auf Grund deren das Wiederaufnahmeverfahren eingeleitet war, sich schließlich als bedeutungslos herausstellen. Es dürfe nach den in der Gerichtspraxis gemachten Wahrnehmungen angenommen werden, daß der größere Theil derjenigen Personen, welche seit 1879 im Wege des Wiederaufnahmeverfahrens nachträglich ihre Freisprechung erwirkt haben, keineswegs unschuldig, vielmehr mit vollem Recht verurtheilt war.

Es muß zunächst darauf hingewiesen werden, daß Wahrnehmungen über die Schuld im Wiederaufnahmeverfahren Freigesprochener — man bezeichnet sie besser als Vermuthungen — auf so unsicheren Grundlagen beruhen, daß ihnen jede Bedeutung abzusprechen ist. Es ist auch darauf hinzuweisen, daß die neuen Thatsachen und Beweismittel sich wohl nur äußerst selten als völlig bedeutungslos herausstellen dürften; denn bereits vor der Hauptverhandlung werden dieselben einer Prüfung unterworfen, und der Antrag auf Wiederaufnahme wird abgelehnt, wenn sie sich als bedeutungslos erweisen.

Die Novelle würde aber die Möglichkeit der Wiederaufnahme übermäßig beschränken. Wie selten und wie schwer ist ein positiver Unschuldsbeweis zu führen! Bei völliger Beseitigung aller Belastungsmomente dürfte aber nach der Novelle Freisprechung noch nicht erfolgen.

An einigen Beispielen werden sich die Folgen der Neuerung leicht erweisen lassen.

Nehmen wir beispielsweise den Fall, jemand stehe unter Anklage wegen schwerer Körperverletzung. Der Verletzte ist der einzige Belastungszeuge. Nachdem das Urtheil die Rechtskraft beschritten, ergiebt sich, daß der Zeuge an Verfolgungswahnsinn leidet. Oder den andern, daß die Anklage wegen schweren Diebstahls erhoben ist. Ein Zeuge hat den Angeklagten in der Nähe des Thatortes gesehen, ein zweiter bekundet, daß er die gestohlenen Gegenstände selbst veräußert hat. Nach der Rechtskraft des Urtheils ergiebt sich, daß der letztgenannte Zeuge das Opfer einer Personenverwechslung geworden, ohne daß ihm eine schuldhafte Verletzung der Eidespflicht nachzuweisen ist. In beiden Fällen würde es nach der Novelle nicht möglich sein, die frühere Verurtheilung wieder aufzuheben.

Es ließe sich der Fall denken, daß im Wiederaufnahmeverfahren die Hinfälligkeit aller früheren Belastungsbeweise, aber dennoch nicht die Unschuld des Verurtheilten nachgewiesen würde. Obwohl dann vielleicht die Sachlage eine solche wäre, daß nicht eine Spur von Verdacht übrig bleibt, könnte doch, wenn die Novelle Gesetz würde, der Verurtheilte nicht nachträglich freigesprochen werden. Diese Konsequenzen sind zu vermeiden. Will man es mithin bei dem bestehenden Recht nicht bewenden lassen, so wäre doch mindestens dem § 399 Ziff. 5 die folgende Fassung zu geben: „wenn neue Thatsachen oder Beweismittel beigebracht sind, welche die Bedeutung der im früheren Verfahren erhobenen Belastungsbeweise wesentlich erschüttern oder die Unschuld des Verurtheilten, sei es bezüglich der ihm zur Last gelegten That überhaupt, sei es bezüglich eines die Anwendung eines schwereren Strafgesetzes begründenden Umstandes ergeben". Diese Abänderung der Novelle zu Gunsten des Angeklagten ist um so mehr gerechtfertigt, als künftighin auch Meineid eines Zeugen und Urkundenfälschung nur dann Anlaß zur Wiederaufnahme sein soll, wenn solche von Einfluß auf die erste Entscheidung gewesen sind (vgl. § 410 in der Fassung der Novelle).

Daß Zeugen und Sachverständige künftighin schon bei der Vorbereitung der Wiederaufnahmeverhandlung eidlich vernommen werden sollen, ebenso daß es künftighin einer Hauptverhandlung nicht mehr bedürfen soll, wenn der Verurtheilte in Geisteskrankheit verfallen ist, ist zu billigen.

Eine fernere Konzession des Entwurfs an die öffentliche Meinung ist der Vorschlag einer Vermögensentschädigung für unschuldig Verurtheilte.

Personen, gegen welche eine im Strafverfahren rechtskräftig erkannte Strafe ganz oder theilweise vollstreckt ist, können nach der Novelle, wenn sie im Wiederaufnahmeverfahren freigesprochen oder mit einer milderen Strafe belegt sind, Ersatz des Vermögensschadens beanspruchen, welchen sie durch die erfolgte Strafvollstreckung erlitten, es sei denn, daß sie ihre frühere Verurtheilung vorsätzlich oder durch grobe Fahrlässigkeit herbeigeführt haben. Der Antrag auf Gewährung der Entschädigung ist nach Rechtskraft des im Wiederaufnahmeverfahren ergangenen Urtheils bei der Staatsanwaltschaft zu stellen. Die Entscheidung liegt der obersten Behörde der Landesjustizverwaltung ob; gegen die getroffene Entscheidung ist Berufung auf den Rechtsweg zulässig, über welche vor den Civilkammern der Landgerichte zu verhandeln ist.

Die Motive weisen zur Begründung dieser Vorschriften darauf hin, daß seit länger als einem Jahrzehnt der Reichstag fast in jeder Session mit Anträgen befaßt gewesen sei, welche auf die Entschädigung unschuldig Verurtheilter abzielten, ferner daß sich der Reichstag unter Ablehnung weitergehender Anträge dahin ausgesprochen habe, daß eine Entschädigung nur den im Wiederaufnahmeverfahren freigesprochenen Personen zu gewähren und auf den Ersatz der vermögensrechtlichen durch die Strafvollstreckung verursachten Nachtheile zu beschränken sei. Der Bundesrath habe sich bisher ablehnend verhalten, aber nur aus Besorgniß, daß es auch Schuldigen gelingen könnte, ihre Freisprechung im Wiederaufnahmeverfahren zu erwirken. Diese Besorgniß habe auch dazu geführt, die Entscheidung über die Entschädigung dem im Wiederaufnahmeverfahren erkennenden Gerichte zu entziehen, weil eine solche — im schwurgerichtlichen Verfahren übrigens kaum denkbare Einrichtung — die Wirkung haben müßte, diejenigen Freigesprochenen, welchen ein Entschädigungsanspruch nicht zuerkannt würde, in der öffentlichen Meinung mit einem Makel zu behaften und damit wenigstens zum Theil die Uebelstände wieder ins Leben zu rufen, die mit der früheren sogenannten solutio ab instantia verbunden waren. Nicht wesentlich anders liege die Sache, wenn die Entscheidung von einer andern richterlichen Behörde getroffen werde. Es empfehle sich daher, dieselbe in das Ermessen der Justizverwaltung zu stellen. Da indessen der Reichstag sich wiederholt für die entgegengesetzte Auffassung ausgesprochen habe, seien die oben angegebenen Vorschriften in den Entwurf aufgenommen. Es müßten aber gleichzeitig die Bestimmungen über die Wiederaufnahme einer beschränkenden Aenderung unterworfen werden, da die Entschädigung nicht gut von einer andern Bedingung abhängig gemacht werden könne, als von der Thatsache der im Wiederaufnahmeverfahren erfolgten Freisprechung.

Bei der Prüfung der vorgeschlagenen Neuerung werden folgende Fragen zu erwägen sein: Genügen die Bestimmungen der Novelle berechtigten Ansprüchen in Bezug auf die Voraussetzungen des Entschädigungsanspruchs, die materiellen sowohl als die prozessualen, und genügen sie ferner in Bezug auf den Umfang der zu gewährenden Entschädigung?

Was die materielle Voraussetzung der nach der Novelle zu gewährenden Entschädigung anbetrifft, so besteht dieselbe lediglich in ungerechter Verurtheilung. Eine Entschädigung für schuldlos erlittene Untersuchungshaft wird nicht gewährt. Die Motive berufen sich zur Rechtfertigung dieser Beschränkung auf Reichstagsbeschlüsse und man kann ihnen nicht Unrecht geben, wenn sie den neuen Boden, welcher mit Anerkennung der Entschädigungspflicht geschaffen wird, vorerst vorsichtig und etwas zaghaft betreten. Immerhin ist vorauszusehen, daß das Anwendungsgebiet der vorgeschlagenen Vorschriften nur ein sehr kleines sein wird, daß dessen Erweiterung auf die Untersuchungshaft ein immer stärker anschwellendes Postulat der öffentlichen Meinung wird, und daß der Gesetzgeber, welcher die erste Konzession gemacht hat, die zweite nicht lange wird weigern können. Es ist ganz unzweifelhaft, daß die Gewährung einer Entschädigung für unschuldig erlittene Untersuchungshaft nur noch eine Frage der nächsten Zukunft ist, und daß, wer zu häufige Aenderung der bestehenden Gesetze schon an sich für ein Uebel hält, jetzt freiwillig gegeben hätte, was er bald nicht mehr versagen wird. Allein es läßt sich andrerseits nicht verkennen, daß die technisch-juristische Ausgestaltung der Entschädigung für unschuldig erlittene Untersuchungshaft erheblich schwieriger ist als derjenigen für unschuldig erlittene Strafhaft. Wie sich diese Ausgestaltung denken läßt, ohne Raum für das Rechtsgefühl kränkende Entscheidungen zu lassen, mag gegenwärtig unerörtert bleiben, da voraussichtlich bis auf Weiteres doch nur der erste, von der Novelle vorgeschlagene Schritt auf der neuen Bahn gemacht wird.

Prozessuale Voraussetzungen für den Entschädigungsanspruch sind einmal die Freisprechung im Wiederaufnahmeverfahren, sodann ein Bescheid des Justizministers.

Daß der Anspruch lediglich von der formalen Thatsache der Freisprechung abhängig gemacht werden soll, ist durchaus zu billigen. Es folgt daraus aber keineswegs, wie schon oben erwähnt, die Nothwendigkeit, das Wiederaufnahmeverfahren so zu gestalten, daß Freisprechungen fast undenkbar sind. Zweifellos würde es das Rechtsgefühl verletzen, wenn im Wiederaufnahmeverfahren Freigesprochene Entschädigung erhalten, obwohl das frühere Urtheil der Sachlage entsprach. Darauf weisen die Motive hin. Allein was will dies bedeuten gegenüber der durch die Novelle geschaffenen viel größeren Gefahr, daß Unschuldige eine Freisprechung im Wiederaufnahmeverfahren nicht erlangen können? Es wäre das Beste, die bisherige Fassung des § 399 Nr. 5 beizubehalten; eventuell ist bereits oben eine Aenderung vorgeschlagen, welche den Befürchtungen der Motive den Boden entzieht, ohne doch die Nachtheile der Nr. 5 in der Fassung der Novelle zu haben.

Die Festsetzung der Entschädigung der obersten Behörde der Landesjustizverwaltung zu überlassen, erscheint unannehmbar, nicht etwa weil ein Mißtrauen in deren Entscheidung begründet wäre, sondern wegen der damit verbundenen Verzögerung. Für den Freigesprochenen, der aus der Strafanstalt entlassen wird, ist es wesentlich, das ihm Gebührende möglichst schleunig zu erhalten, um von seiner Existenz, seinem Geschäfte, seiner Gesundheit zu retten, was davon noch zu retten sein mag, eventuell um sich an anderem Orte oder in anderem Lande eine neue Existenz zu gründen. Ist aber erst ein nach Rechtskraft des Urtheils zu stellender Antrag erforderlich, müssen seitens der Justizverwaltung Ermittelungen angestellt werden, so dürften regelmäßig mehrere Monate, und falls dann etwa noch Berufung auf den Rechtsweg eingelegt wird, ein Jahr oder mehr vergehen, ehe die Auszahlung der Entschädigung erfolgt. Die oben wiedergegebene Ausführung der Motive, daß die Entscheidung dem im Wiederaufnahmeverfahren erkennenden Gerichte nicht übertragen werden könne, ist völlig unschlüssig. Denn da der Anspruch auf Entschädigung lediglich an die Thatsache eines erfolgreichen Wiederaufnahmeverfahrens geknüpft ist, muß Entschädigung gewährt werden, sofern solche beantragt ist, es sei denn, daß der Verurtheilte in die Kategorie der absolut Vermögenslosen — der Bettler und Landstreicher gehöre. Ein Makel wird also dem Freigesprochenen niemals anhaften; eine Analogie mit der absolutio ab instantia besteht nicht. Auch für das schwurgerichtliche Verfahren dürften keinerlei Schwierigkeiten entstehen. Man könnte ja die Festsetzung der Entschädigung ebenso wie die Strafausmessung den richterlichen Mitgliedern übertragen. Es empfiehlt sich durchaus, dem in der Hauptsache urtheilenden Gericht auch die Entscheidung über den Entschädigungsantrag zu überweisen und die letztgedachte Entscheidung unter die Kontrolle der gewöhnlichen Rechtsmittel zu stellen. Daß dadurch der Strafrichter in die Lage kommt, auch vermögensrechtliche Rechtssprüche zu fällen, kann im Interesse der Vielseitigkeit seiner Thätigkeit nur mit Freuden begrüßt werden. Wenn aber die Regelung der Entschädigungsfrage mit der Verhandlung der Hauptsache verbunden wird, ist die Wahrscheinlichkeit schleuniger Erledigung am größten. Allerdings ist es denkbar, daß die Stellung des erforderlichen Antrages in der Hauptverhandlung verabsäumt wird, sei es aus Gesetzesunkenntniß, sei es weil der in Haft befindliche Angeklagte Existenz oder Umfang seines Schadens nicht übersehen kann. Um auch solchen Fällen gerecht zu werden, müßte es zulässig sein, im Urteil den Schadenersatzanspruch anzuerkennen, die Feststellung der Höhe desselben aber nachträglicher Entscheidung vorzubehalten. Es müßte ferner zulässig sein, sofern ein Entschädigungsanspruch in der Hauptverhandlung nicht geltend gemacht ist, solchen noch innerhalb 3 Monate nach Rechtskraft des im Wiederaufnahmeverfahren ergangenen Urtheils anzumelden. Die Entscheidung müßte dann in Form eines Beschlusses ohne neue mündliche Verhandlung ergehen und mit der sofortigen Beschwerde angreifbar sein. Sehr wichtig wäre es ferner, zu gestatten, daß das Gericht noch vor völligem Austrag der Entschädigungsfrage mittels einstweiliger Verfügung dem Freigesprochenen eine Kompetenz gewähre.

Ganz unzureichend erscheint der Vorschlag der Novelle bezüglich des Umfangs der zu leistenden Entschädigung. Es sollen danach im Wiederaufnahmeverfahren Freigesprochene „Ersatz des Vermögensschadens beanspruchen, den sie durch die erfolgte Strafvollstreckung erlitten haben". Dieser Vermögensschaden wird aber juristisch selten so nachweisbar sein, daß er sich in bestimmten Ziffern ausdrücken ließe, und an der Unmöglichkeit des Nachweises dürfte die praktische Bedeutung der ganzen Vorschrift scheitern. Wenige Beispiele mögen dies erläutern: Der Verurtheilte hatte ein kaufmännisches Geschäft, welches, von einem Vertreter geleitet, geringeren Ertrag abwirft. Der Nachweis, daß dieser Mindertrag Folge der Vertretung und nicht der Konjunktur oder etwaiger sonstiger Verhältnisse ist, dürfte regelmäßig unmöglich sein. Wenn in Folge der Strafvollstreckung die Auflösung des Erwerbsgeschäfts des Verurtheilten nothwendig geworden ist, ist es äußerst schwer, das lucrum cessans genau abzuschätzen; völlig unmöglich wird es aber dann, wenn das Erwerbsgeschäft bisher Nutzen noch nicht abgeworfen hat, vielmehr in der Anfangsentwickelung steckte, mögen die Aussichten für die Zukunft auch noch so glänzende gewesen sein. Nehmen wir aber andere Fälle: Ein Mann, welcher vor seiner Verurtheilung von seiner Hände oder seines Kopfes Arbeit gelebt, aber seinen Verdienst aufgezehrt hat, hat nach strikter Auslegung überhaupt einen Vermögensschaden nicht erlitten, da er ja in der Strafanstalt erhalten ist. Wahrscheinlich würde einem solchen nicht einmal Ersatz für den Verlust an Versicherungsansprüchen aus der Zwangsversicherung gewährt werden. Erhielte er aber wirklich Entschädigung, so ist nach den Grundsätzen fiskalischer Sparsamkeit sehr zu befürchten, daß gelegentlich der Versuch gemacht würde, nachträglich Haftkosten einzuziehen. Für die Minderung der körperlichen und geistigen Spannkraft und damit der Erwerbsfähigkeit, welche ungerecht erlittene Strafhaft doch stets nach sich zieht, soll keinerlei Entschädigung gewährt werden.

Es müßte daher nicht Ersatz des Vermögensschadens, sondern eine nach ähnlichen Grundsätzen wie die Buße zu bemessende Entschädigung für ungerecht erlittene Strafhaft gewährt werden. Es versteht sich von selbst, daß vermögenden Leuten nicht ein größeres Geldgeschenk auf Staatskosten verabreicht werden soll; aber ebenso wenig darf ein strikter Nachweis des Schadens gefordert werden. Wenn in den Motiven oder bei den Reichstagsverhandlungen ausgesprochen würde, daß die Entschädigung in der Höhe des sonst vermuthlich verdienten Einkommens zu gewähren, dabei auch Mittel bereitzustellen sind, welcher der Verurtheilte bedarf, um seine etwa angegriffene Gesundheit herzustellen bezw. zu kräftigen, so werden sicher die Gerichte ungefähr das Richtige treffen.

Außer dem Verurtheilten selbst können nach dem Entwurf Dritte, denen derselbe nach Vorschrift des bürgerlichen Rechts zur Gewährung von Unterhalt verpflichtet war, insoweit Ersatz fordern, als ihnen durch die Strafvollstreckung der Unterhalt entzogen worden ist.

Diese Bestimmung ist unklar, wird in der Praxis zu Zweifeln führen, deren Lösung, wie zu befürchten, nicht zu Gunsten der Familie des ungerecht Verurtheilten erfolgen dürfte. Der Fall, daß jemandem durch die Strafvollstreckung des Alimentationsverpflichteten der Unterhalt völlig entzogen ist, ist undenkbar. Denn statt des verhinderten Verpflichteten müssen andere, eventuell muß die Armenverwaltung eintreten. Letzterenfalls wird allerdings der Unterhalt regelmäßig geschmälert werden; aber wie soll die Differenz ziffernmäßig nachgewiesen werden, wenn etwa früher der Verpflichtete mit dem Alimentirten in gemeinsamem Haushalt gelebt und gewirthschaftet hat? Es müßten daher die Worte „in so weit" gestrichen und bei den Verhandlungen unzweideutig ausgesprochen werden, daß es gilt, billigen Ersatz für erlittene Unbill zu gewähren.

Auch einzelne Nebenbestimmungen des Entwurfs sind nicht unbedenklich. So z. B. soll der Berechtigte vor endgültiger Entscheidung über den Entschädigungsanspruch nicht unter Lebenden verfügen dürfen. Dies ist hart für den Verurtheilten, welcher aus der Strafanstalt entlassen, mittellos dasteht, aber vor Rechtskraft der Entscheidung in Besitz seiner Entschädigung nicht gelangt. Daß solche im Wiederaufnahmeverfahren Freigesprochene häufig in Wucherhände fallen sollten, ist nicht sehr wahrscheinlich.

Die Zulässigkeit richterlichen Strafbefehls will die Novelle auf die Vergehen der Bedrohung und des qualificirten Hausfriedensbruchs ausdehnen. Dies ist zu billigen; ja noch ein Schritt weiter wäre wünschenswerth. Es müßte gestattet sein, gegenüber allen Geständigen, so weit nur Vergehen in Frage kommen, den Strafbefehl in Anwendung zu bringen. Man würde damit regelmäßig eine viel schnellere Bestrafung erzielen, den Beschuldigten die Schande öffentlicher Verhandlung, einen außerhalb des eigentlichen Strafzwecks liegenden Nachtheil, ersparen und die Gerichte nicht unbeträchtlich entlasten. Es würde fernerhin zu erwägen sein, ob nicht der richterliche Strafbefehl durch einen staatsanwaltlichen zu ersetzen wäre. Es würde dann der Staatsanwalt in die Funktion eines Polizeiorgans treten, und der von ihm erlassene Strafbefehl ein Analogon zu den polizeilichen Mandaten bilden.

Auch hierdurch würde Beschleunigung und Vereinfachung des Verfahrens erzielt, ohne daß doch wesentliche Nachtheile zu befürchten wären. Schon heute ist es recht selten, daß Anträgen auf Erlaß richterlicher Strafbefehle nicht stattgegeben wird. In diesen Fällen aber wird auch künftighin den Beschuldigten kein Nachtheil erwachsen, da ihnen ja richterliches Gehör jederzeit freisteht, die Mandate vorläufige Vollstreckbarkeit nicht besitzen und die Thatsache einer Bestrafung erst durch die gerichtliche Verhandlung öffentlich bekannt wird. Wenn das Mandatsverfahren in den Händen des Staatsanwalts bliebe, würde andrerseits der Richter nicht in die peinliche Lage versetzt, einen von ihm selbst erlassenen Strafbefehl in der mündlichen Verhandlung wieder aufheben zu müssen.

Als letzte Neuerung will die Novelle dem § 496 St. P. O. einen Absatz 2 hinzufügen, Inhalts dessen der Betrag der dem Beschuldigten, Privatkläger oder Nebenkläger zu erstattenden Auslagen auf Antrag von dem Gericht erster Instanz festgesetzt wird. Dies ist durchaus praktisch, entspricht übrigens auch der bereits geübten Gewohnheit vieler Gerichte wenigstens in Privatklagesachen. Die Vollstreckung des Festsetzungsbeschlusses soll auf Grund einer vom Gerichtsschreiber zu ertheilenden Ausfertigung erfolgen.

IV.

Ueber die von der Novelle gezogenen Grenzen hinaus mag hier noch erwogen werden, welche weiteren Aenderungen in Organisation und Gang der Strafrechtspflege erforderlich erscheinen. Von Nebenpunkten soll abgesehen, auf zwei Hauptmängel des bestehenden Zustandes aber hingewiesen werden: die Form der Laienbetheiligung und die Gestaltung des Vorverfahrens.

Ueber beide Fragen ist das Beste, was gesagt werden kann, von dem Altmeister der Strafrechtswissenschaft bereits gesagt worden; es kann nur noch in Details ergänzt und vervollständigt werden, was Gneists rechtspolitische Weisheit in großen Zügen entworfen hat.

1. Die Laienbetheiligung.

Daß Laien an der Rechtsprechung in Strafsachen zu betheiligen sind, darf heute wohl als allgemeine Forderung gelten. Mag auch von manchen Seiten bezweifelt werden, ob die Qualität der Jurisdiktion durch die Theilnahme von nicht technisch vorgebildeten Personen gewinnt, so wird doch allerseits zugestanden werden müssen, daß das Vertrauen der Bevölkerung in die Strafgerichte wesentlich dadurch erhöht wird, daß dieselben nicht ausschließlich aus Berufsbeamten zusammengesetzt sind. Die Laienbetheiligung in Kriminalsachen bildet einen Theil der Selbstverwaltung, welche — mag sie auch hier und dort über das erforderliche und wünschenswerthe Maß ausgedehnt sein — doch ein in absehbarer Zeit nicht zu erschütterndes Fundament des modernen Staates bildet.

Steht man auf diesem Standpunkt, und derselbe ist, soweit diesseits bekannt, nicht ernstlich bestritten, so muß daraus die Folgerung gezogen werden, daß Laien in allen oder in den bedeutenderen Strafsachen zur Urtheilsfällung mit herangezogen werden. Statt dessen ist bekanntlich bei uns die Aburtheilung der mittleren und schweren Delikte einem reinen Beamtengericht, der schwersten dem Schwurgericht, der leichtesten dem Schöffengericht übertragen. Die mittlere Instanz der Strafkammern hat überdies die — auch in der neuesten Novelle wieder zu Tage getretene — Tendenz, ihre Zuständigkeit auf Kosten der Schwurgerichte auszudehnen. Die öffentliche Meinung, soweit sie sich für die Jury überhaupt erwärmt, schenkt dieser Tendenz verhältnißmäßig wenig Beachtung; sie fühlt sich durch das Bewußtsein, daß überhaupt Geschworenengerichte bestehen, beruhigt. Die Neigung, die Strafkammer-Kompetenz nach oben zu erweitern, nach unten zu entlasten, ist übrigens nicht Folge eines Mißtrauens gegen die Laienbetheiligung überhaupt, sondern nur der Ausdruck der Abneigung des Berufsbeamtenthums gegen das Schwurgericht in seiner heutigen Gestalt.

Wie die geltende Organisation als Folge eines Kompromisses, um die Einheitsbestrebungen auf dem Gebiete des Strafverfahrens nicht scheitern zu lassen, zu Stande gekommen, ist in zu frischer Erinnerung, als daß es hier einer Darstellung ihrer Entstehungsgeschichte bedürfte. Inzwischen sind aber so reiche Erfahrungen über die Bewährung der verschiedenen Strafgerichtsformen gesammelt, daß die Zeit wohl gekommen ist, der Prinziplosigkeit der bestehenden Organisation ein Ende zu machen. Soll ein Urtheil über unsere Kriminalgerichte in wenigen Worten zusammengefaßt werden, so kann man sagen, die Schwurgerichte zehren von der Beliebtheit, welche ihnen als liberaler Errungenschaft entgegengebracht wurde, begegnen aber lebhaftem Widerstande in der großen Mehrheit des gelehrten Beamtenthums, also unter den eigentlichen Sachverständigen; die Strafkammern verdanken ihre ihnen von sachverständigster Seite (vgl. oben S. 7 Anm.) attestirte Unpopularität zum Theile dem Mangel an Laienbetheiligung; den Schöffengerichten wird im Großen und Ganzen Vertrauen entgegengebracht, nur daß es zweifelhaft erscheint, ob nicht bei Aburtheilung der geringfügigsten Uebertretungen und Privatklagen eine gewisse Kräftevergeudung zu beklagen ist.

Aufgabe der Reform bleibt folglich, das Vertrauen, welches die Schwurgerichte genießen, zu erhalten und sie doch so umzugestalten, daß sie den Ansprüchen einer fortgeschrittenen juristischen Technik genügen, die Strafkammern durch Zuziehung von Laien in den Augen der öffentlichen Meinung zu heben, die Laienbetheiligung bei Aburtheilung der ganz unbedeutenden Delikte zu beseitigen.

Daß das Geschworenengericht an unheilbaren Gebrechen leidet, ist eine Ansicht, welche nur noch von einer kleinen Minderzahl Sachverständiger bestritten wird. Auf dem 22. Deutschen Juristentage ist der Kampf, ob Schöffen oder Geschworene, theoretisch ausgefochten und hat mit einem glänzenden Siege der Anhänger der Schöffengerichte geendet, wenngleich nur die bescheidene Resolution gefaßt wurde, daß sich die Durchführung der Schöffengerichtsverfassung bei den Gerichten mittlerer Ordnung empfehle. Freilich ist vorauszusehen, daß, wenn diese Empfehlung erst praktischen Erfolg gehabt hat, die Tage des Schwurgerichts bald gezählt sein würden. Führer der Majorität war in wunderbarer Frische und Entwickelungsfähigkeit der Mann, welcher einst für das Geschworenengericht gekämpft: Gneist.

Die Mängel in der Struktur des Verfahrens gerade wegen der schwersten Verbrechen sind bekannt; es ist häufig darauf hingewiesen. Bei der Komplizirtheit modernen Staatslebens, bei der feinen technischen Durchbildung unserer Rechtsbegriffe ist die Fiktion nicht mehr aufrecht zu erhalten, daß ein Dutzend beliebiger Volksgenossen ohne weitere Anleitung das Rechtsbewußtsein des Volkes zum wahren Ausdruck bringen. Vielmehr ist es bei der herrschenden politischen, sozialen und wirthschaftlichen Zersplitterung lediglich ein Spiel des Zufalls, welche Tendenzen und Rechtsanschauungen sich in der Jury geltend machen und die Oberhand gewinnen. Die Garantie einer gewissen Ständigkeit, welche bei den Schöffengerichten doch immer in der Person des Berufsbeamten gewahrt bleibt, fehlt den Geschworenen völlig. Die Fiktion, daß das Schwurgericht ein Volksgericht sei, wird aber schon durch die einfache Thatsache zu Schanden, daß die ganze gewaltige, nach politischer Herrschaft ringende Arbeiterklasse thatsächlich von demselben ausgeschlossen wird, während sie im Schöffengericht eine durchaus anerkennenswerthe Thätigkeit zu entfalten im Stande ist.

Die feine technische Durchbildung des modernen Rechts hat die unnatürliche Spaltung des Verdikts in That- und Rechtsfrage nothwendig gemacht und die ganze Misere der Fragestellung herbeigeführt. Gneist macht sehr treffend darauf aufmerksam, daß diese Fragestellung nur ein sehr unvollkommenes Ersatzmittel für das imperative Mandat des englischen Richters gegenüber den Geschworenen sei. Obwohl nun der Jury die Entscheidung der Rechtsfrage und Abmessung der Strafe entzogen ist, so ist es dennoch ein offenes Geheimniß, daß ihre Rechtskenntniß meist gerade so weit reicht, um die ungefähren Straffolgen ihres Verdikts abzuwägen, und daß diese Kenntniß von dem erheblichsten Einfluß auf die Fragenbeantwortung ist.

Es ist nicht zu verlangen, daß 12 zufällig zusammengewürfelte Laien den Gang und die Ergebnisse einer längeren und einigermaßen verwickelten Verhandlung im Berathungszimmer zutreffend abwägen, kritisch in ihre Thatbestandsmomente zu zerlegen und danach die Beantwortung der ihnen vorgelegten Fragen einrichten. Die Schwierigkeit der Aufgabe wird den Geschworenen auch nicht sehr wesentlich durch die Belehrung des Vorsitzenden erleichtert. Da diesem die Individualität der zu Belehrenden und die diesen auftauchenden Zweifel ja unbekannt sind, kann sein Schlußvortrag nur entweder einen akademischen Charakter haben oder aber eine parteiische Färbung annehmen. Im ersten Falle wird dessen Einfluß nur sehr gering, im letzteren ein unerwünschter sein. Wie oft mag wohl der Fehlschluß im Berathungszimmer gezogen werden, daß, da die Sache nicht ganz erwiesen, eine kleine Strafe am Platze sei. Von Schöffen hört man dergleichen oft genug, ist aber stets in der Lage, das Widersinnige einer solchen Auffassung darzuthun. Den Geschworenen fehlt es an der erforderlichen Korrektur.

Es ist völlig unbegreiflich, wie trotz dieser unleugbaren Mängel das Festhalten an dem Geschworenengericht, wenigstens in der Presse, noch immer zum Schiboleth politischer Parteien gemacht werden kann, dies um so mehr, als diejenigen Delikte, bei welchen man politische Befangenheit der Berufsbeamten voraussetzen könnte, der Jurisdiktion der Jury entzogen sind. Allein es ist höchst wahrscheinlich, daß schon jetzt dieselbe einem ernsten Ansturm nicht mehr Stand halten würde, sofern nur die Theilnahme der Laien an der

Rechtsprechung gewahrt bliebe. Denn die Fehler der Einrichtung werden von intelligenteren Geschworenen selbst schmerzlich empfunden. Ueber die allgemeine Rathlosigkeit im Berathungszimmer dringen häufig die merkwürdigsten Schilderungen nach außen.

Würde die Strafkammer geopfert, so würde man das Schwurgericht beseitigen können.

Andererseits könnte man, um den Verbrauch von Hilfskräften nicht allzusehr zu steigern, die Aburtheilung der Uebertretungen den Amtsrichtern allein übertragen, um so mehr, als durch Zulassung der Berufung die Möglichkeit etwa erforderlicher Korrekturen gegeben ist.

Im Uebrigen dürfte es sich empfehlen, die erstinstanzliche Jurisdiktion ausschließlich Schöffengerichten zu übertragen. Die amtsgerichtlichen Schöffengerichte könnten in ihrer bisherigen Zusammensetzung verbleiben, die landgerichtlichen dürften etwa mit zwei gelehrten und drei Laienrichtern zu besetzen sein. Den kleinen Schöffengerichten wären dann die Vergehen mit den oben S. 14 gedachten Beschränkungen, den großen die übrigen Vergehen und die Verbrechen zur Aburtheilung zu überweisen. Für die Berufungssenate wäre eine Besetzung mit drei gelehrten Richtern und vier Schöffen vorzuschlagen. Denn wer einmal die Laientheilnahme für erforderlich erachtet, muß dieselbe auch zur Durchführung bringen, so weit es auf die Entscheidung von Thatfragen ankommt.

2. Die Gestaltung des Vorverfahrens.

Daß, obwohl Oeffentlichkeit und Mündlichkeit für grundlegende Prinzipien unseres Strafverfahrens erachtet werden, beide Prinzipien nur zur Hälfte im geltenden Rechte zur Durchführung gelangt, daß unser ganzer Strafprozeß an einem widerspruchsvollen Gemisch von geheimer Inquisition und öffentlich-mündlicher Verhandlung krankt, hat Gneist in seinen vier Fragen zur Strafprozeßordnung schon nachgewiesen, bevor letztere noch die gesetzgebenden Körperschaften passirt hatte. Seine Forderung eines öffentlich-mündlichen Vorverfahrens ist nicht zur Anerkennung gelangt; allein die bisher gemachten Erfahrungen haben seine damaligen Ausführungen nicht widerlegt, vielmehr nur bestätigt. Die im Jahre 1874 erschienenen „4 Fragen“ sind, abgesehen von ihrem Schlußwort über die Schöffengerichte, bezüglich deren Gneist selbst seine Ansicht geändert hat, heute von so durchschlagender Beweiskraft und Aktualität, wie unmittelbar nach ihrem Erscheinen. Es soll hier nicht der Versuch gemacht werden, **Gneist's** Deduktionen zu wiederholen, was doch nur in unvollkommener Weise geschehen könnte; vielmehr mögen zum Schluß einige praktische Erfahrungen mitgetheilt werden, welche die Dringlichkeit einer Reform des Vorverfahrens darthun sollen.

Die heutige Durchführung des Vorverfahrens, zu welchem an dieser Stelle der ganze Prozeß bis zum Erlaß des die Hauptverhandlung eröffnenden Beschlusses gerechnet werden soll, geschieht im Großen und Ganzen in folgender Weise:

Sobald bei der Staatsanwaltschaft Anzeige von einer strafbaren Handlung eingegangen ist, ersucht dieselbe die Polizei um die ersten erforderlichen Vernehmungen oder auch um Ermittelung des Sachverhalts. In ganz einfachen Fällen und bei leichteren Delikten genügen die von der Polizei eingehenden Protokolle, um Anklage zu erheben und Anberaumung eines Termins zur Hauptverhandlung zu beantragen. Häufig aber erscheinen Zeugen vor der Polizeibehörde nicht, oder aber es werden eidliche Vernehmungen für erforderlich erachtet oder endlich in kleinen Städten genügt die Qualität der Polizeibeamten für eine sachgemäße Ermittelung nicht; in diesen Fällen gehen die Akten an das zuständige Amtsgericht mit dem Ersuchen um Vornahme einzelner Untersuchungshandlungen. Das Amtsgericht erledigt das Ersuchen, wobei sich nicht selten ergiebt, daß weitere Vernehmungen zur Aufklärung der Sache erforderlich sind. Es werden z. B. bei verantwortlicher Vernehmung des Angeschuldigten Entlastungszeugen benannt. Diese Beweise erhebt das Gericht nicht, aus dem einfachen Grunde, weil es nicht darum ersucht und nicht dominus litis ist, schickt die Akten wieder zurück, um sie nach wenigen Tagen mit der neuen, bestimmt vorauszusehenden Requisition wieder zu erhalten. Nicht selten kommt es vor, daß bei Aufnahme des neuen Beweises wieder Untersuchungsmaterial zu Tage gefördert wird, und daß sich das Hin- und Herschieben der Akten vier-, fünfmal oder noch öfters wiederholt. Jedesmal sind umfangreiche, von den vernommenen Personen zu unterschreibende Protokolle zu fertigen, welche die Zeit des Richters über Gebühr in Anspruch nehmen und in ihrer Gründlichkeit in sonderbarem Gegensatz zu den lückenhaften Protokollen der Hauptverhandlung stehen. Ist nunmehr die Sache zur Erhebung der Anklage reif, so kann man die Erledigung als besonders günstige betrachten. In denjenigen Fällen aber, wo noch eine Voruntersuchung gesetzlich vorgeschrieben ist oder für nothwendig erachtet wird, geht das schleppende und schwerfällige Verfahren noch erheblich weiter. Die Akten werden dem Untersuchungsrichter übersandt oder aber dem Landgericht, welches die Führung der Voruntersuchung einem Amtsrichter überträgt. Letzteres geschieht gewöhnlich in den zahlreichen Fällen, in welchen das Delikt an einem von dem Sitze des Landgerichts entfernten Orte begangen ist. Der Untersuchungsrichter ist dann verpflichtet, nochmals den Beschuldigten zu vernehmen, Zeugen zu hören, um Vornahme schleuniger und wichtiger Untersuchungshandlungen die Polizei zu requiriren und endlose Protokolle aufzunehmen, bis dann endlich die Sache zur Anklageerhebung reif ist und das geheime schriftliche von dem öffentlich-mündlichen Verfahren abgelöst wird.

Die Nachtheile, welche diesem Verfahren anhaften, liegen auf der Hand.

Zuerst die grenzenlose Langsamkeit. Unbedeutende, vor den Schöffengerichten abzuurtheilende Vergehen kommen selten früher als 3 Monate, nachdem sie begangen sind, zur Aburtheilung; für einigermaßen erheblichere Delikte können ½ bis 1 Jahr, sehr häufig auch darüber durch die Untersuchung in Anspruch genommen werden. Ist dem Verfasser doch ein Fall bekannt geworden — derselbe kann keineswegs als Ausnahme gelten —, daß eine Strafanzeige wegen Diebstahls im Mai erstattet wurde, die Angeschuldigte im Wesentlichen geständig war, dem Fortgang der Untersuchung sich auch sonst keinerlei Schwierigkeiten in den Weg stellten und dennoch nach Überweisung der Sache an das Berliner Schöffengericht der Hauptverhandlungstermin auf den 17. November anberaumt wurde. Alles, was die Motive des oben besprochenen Entwurfs über die Nachtheile verlangsamter Rechtsprechung sagen, trifft hier völlig zu, ohne daß man doch zu dem entgegengesetzten Resultat einer die Gründlichkeit schädigenden Hast gelangen müßte. Der Grund für die Langsamkeit des Verfahrens liegt außer in der Ueberlastung der Gerichte im Wesentlichen in dem Umstande, daß eine Behörde immer die andere um das, was zu thun ist, ersuchen muß, statt selbst die erforderlichen Anordnungen zu treffen, und daß die Akten auf ihrem vorgeschriebenen Gang vom Staatsanwalt zum erkennenden Gerichte einen ganz überflüssigen Umweg über das Landgericht machen müssen. Bei größeren Sachen ist ein endloses Requiriren zwischen Staatsanwalt und Polizei, Staatsanwalt und Amtsgericht, Staatsanwalt und Untersuchungsrichter, Untersuchungsrichter und Polizei erforderlich.

Ein weiterer Nachtheil des bestehenden Zustandes ist darin zu finden, daß die Qualität der richterlichen Untersuchung eine ziemlich geringe ist. Die Führung einer Voruntersuchung mit dem Zweck, das Material für die Hauptverhandlung zu beschaffen, ist nicht richterliche, sondern polizeiliche Thätigkeit. Es wird ernstlich nicht geleugnet werden können, daß auf diesem Gebiete gute Kriminalkommissare den besten Richtern — und vielleicht diesen am meisten — überlegen sind. Bei ganz schwierigen Fällen schafft thatsächlich der Kriminalbeamte das Material herbei und die Voruntersuchung hinkt lahm dahinter. Es liegt dies — abgesehen von der Schulung der Beamten — auch an der Art, wie die Untersuchung geführt wird. Der Polizeibeamte vermag an Ort und Stelle den Spuren des Verbrechens nachzugehen, die Betheiligten in überraschender Weise aufzusuchen und zu verhören, ohne daß zwischen diesen vorher gegenseitige Verabredungen statthaben können. Alle gesetzlichen Mittel der Inquisitionskunst stehen ihm in ganz anderer Weise zu Gebote, als dem Richter. Letzterer ist im Wesentlichen darauf angewiesen, in seiner Schreibstube Protokolle aufzunehmen. Er lädt die einzelnen Zeugen zusammen oder nach einander. Im ersteren Falle giebt das gemeinsame Warten im Zeugenzimmer Gelegenheit genug zu Kollusionen; im letzteren Falle wird gewöhnlich das Resultat des Standes der Untersuchung von Komplizen und Zeugen gegenseitig mitgetheilt. Um Vornahme schleuniger Untersuchungshandlungen, wie Durchsuchungen, Beschlagnahmen, Verhaftungen muß doch wieder die Polizei ersucht werden; es vergeht kostbare Zeit und bei der Mitwissenschaft zahlreicher unterer Beamten sind auch Indiskretionen nicht ausgeschlossen.

Als weiteres Moment ist in Betracht zu ziehen, daß der Richter bei Voruntersuchungen häufig in eine völlig falsche Position gedrängt wird, daß er entweder thatsächlich oder doch in den Augen der Betheiligten derjenigen Eigenschaft entkleidet wird, welche seine Ehre und seinen Stolz ausmacht, der Objektivität. Und er wird den Vorwurf der Parteilichkeit nicht immer mit vollem Recht von sich abweisen dürfen. Der Wunsch des Richters, seinen Posten wirksam auszufüllen, das natürliche Bestreben, schwere Delikte im Interesse der Gesammtheit nicht ungesühnt zu lassen, trübt nicht selten seinen Blick und hindert ihn an gerechter Abwägung der Belastungs- und Entlastungsmomente. Dieselben psychologischen Momente veranlassen ihn zur Aufstellung eines Untersuchungsplans mit Ueberraschungen, Ueberlistung, ermüdenden Vernehmungen des Beschuldigten, Extrahirung von Geständnissen oder Widersprüchen und andern Mitteln der Inquisition, welche sicherlich des Richters nicht würdig sind. Es soll nicht verkannt werden, daß die heutige Ausbildung des Verbrecherthums, welches sich alle Mittel der Wissenschaft und der Technik dienstbar macht, eine ebenbürtige Bekämpfung zum Schutze der Gesellschaft erforderlich macht, daß bei dieser Bekämpfung die Forderungen der Loyalität nicht allzu streng gezogen werden dürfen, und daß deshalb, um mich eines vom Ministertisch gefallenen Ausdrucks zu bedienen, auch Nichtgentlemen zum Dienste des Staatswohls herangezogen werden müssen. Allein der Richter sollte nicht einmal dem entferntesten Verdachte ausgesetzt werden, daß er mit diesen Nichtgentlemen an einem Strange ziehe, daß er ihnen ihre Praktiken absehe. Das wäre wahrlich das Ende aller richterlichen Autorität.

Die Mängel des heutigen Verfahrens sind damit noch nicht erschöpft. Das ganze schriftlich niedergelegte Material präjudizirt erheblich der öffentlich-mündlichen Verhandlung. Mindestens zwei von den an der Hauptverhandlung theilnehmenden Richtern — der Vorsitzende und Referent — kennen den Akteninhalt genau und bilden sich nothgedrungen schon vor dem Schlußtermin ein Urtheil über Schuld oder Nichtschuld des Angeklagten. Diese vorgefaßte Meinung zu erschüttern, dürfte nicht immer ganz leicht sein. Die Aussagen der Zeugen sind festgelegt; jede spätere Abweichung wird ihnen vorgeworfen, und die Furcht, in den Verdacht eines Falscheides zu kommen, mag manche Berichtigung hindern. Daß bei der Protokollirung im Vorverfahren und in der Voruntersuchung Irrthümer mit unterlaufen, wird selten geglaubt. Der Vertheidigung ist im vorbereitenden Verfahren nur ein äußerst beschränkter Raum gewährt, während hier gerade ein Feld zu segensreicher Thätigkeit gegeben ist.

Die Beseitigung aller dieser Mißstände, wenn sie erfolgen soll, ohne die Energie der Strafverfolgung zu lähmen, und ohne die für den Beschuldigten bestehenden Garantieen zu beseitigen, kann nur in der Weise geschehen, daß die Beschaffung des gesammten Anklagematerials in die Hände der selbstthätigen — nicht der requirirenden — Staatsanwaltschaft gelegt, daß die Voruntersuchung auf die Aufgabe beschränkt wird, festzustellen, ob „hinreichender Verdacht“ zur Eröffnung der Hauptverhandlung vorhanden ist, und daß vor dieser Feststellung Staatsanwalt und Angeklagter, bezw. Vertheidiger gehört werden.

Gemäß § 153 Ger.-Verf.-Ges. sind die Beamten des Polizei- und Sicherheitsdienstes Hülfsbeamte der Staatsanwaltschaft und in dieser Eigenschaft verpflichtet, deren Anordnungen Folge zu leisten. Die Motive (vgl. Hahn, Materialien zum Ger.-Verf.-Ges. S. 153) beklagen, daß nach früherem Recht das Verhältniß der Polizei zur Strafjustiz, weil es an einer organischen Verbindung zwischen beiden gefehlt habe, ein unfertiges und in seinen Grenzen unbestimmtes gewesen sei. Die Motive fahren dann fort: „Diese Unfertigkeit wird seit lange als ein schwerer Uebelstand empfunden. Man erkennt an, daß derjenigen Behörde, welcher die Verantwortlichkeit für die Verfolgung strafbarer Handlungen zugewiesen ist, nothwendig auch die Organe zu Diensten stehen müssen, deren sie zur Erfüllung ihrer Aufgabe bedarf. Hat die Sicherheitspolizei, wie unbestritten, den Beruf, den Zwecken der Strafverfolgung zu dienen, und hat der Staat für die letztere eine besondere Behörde, die Staatsanwaltschaft, eingesetzt, so scheint in der That nichts näher zu liegen, und nichts so sehr dem natürlichen Verhältnisse zwischen Staatsanwaltschaft und Sicherheitspolizei zu entsprechen, als daß die letztere der Leitung der ersteren untergeordnet wird.“

Diese Ausführungen treffen durchaus das Richtige; ein Verhältniß, wie es hier gefordert wird, besteht aber — wenigstens in Preußen — trotz des § 153 Ger.-Verf.-Ges. nur bei Amtsanwälten, welche zugleich Polizeiverwalter sind, eine Personalunion, welche in kleinen Städten wohl üblich ist. Im Uebrigen müssen die Staatsanwälte die Polizeiorgane requiriren, und es macht sachlich nicht den geringsten Unterschied, ob die Requisitionen in der Form des Auftrags oder des Ersuchens ergehen. Eine wirkliche Verbindung, wie sie dem Gesetzgeber vorgeschwebt hat, und wie sie wünschenswerth erscheint, würde nur dann hergestellt sein, wenn eine Anzahl Beamte der Sicherheitspolizei in großen Städten täglich im Bureau der Staatsanwaltschaft zu beliebiger Verfügung ständen, und wenn in kleineren Orten, wo solches nicht thunlich ist, den Unterbeamten der Staatsanwälte die Vornahme polizeilicher Amtshandlungen gestattet wäre. Daneben müßte die Staatsanwaltschaft von ihrem Recht zu selbständigen Vernehmungen erweiterten Gebrauch machen. Die Zeugnißpflicht könnte unbedenklich zu ihren Gunsten erweitert werden. Kurz die Beschaffung des Anklagematerials müßte der eigenen Thätigkeit der Staatsanwaltschaft völlig überlassen bleiben, auch die Festlegung desselben in ihr Belieben gestellt werden. Bei einfachen Sachen werden ohne Nachtheil für die Sache Registraturen an die Stelle der förmlichen Protokolle treten dürfen.

Ein Ersuchen an die Gerichte dürfte nur dann zu richten sein, wenn Verhaftungen, Beschlagnahmen oder ausnahmsweise eidliche Vernehmungen erforderlich oder etwa die örtlichen Polizeiorgane völlig unfähig sind, die ihnen obliegenden Aufgaben zu erfüllen. Verhaftungen müßten ebenso wie bisher nur für beschränkte Zeitdauer zulässig sein, sofern nicht inzwischen die öffentliche Klage erhoben ist, der Verhaftete aber auch berechtigt sein, den Richter zu sofortiger Erhebung von Entlastungsbeweisen, welche seine Haftentlassung rechtfertigen, zu ersuchen.

Ist somit das gesammte Material in Händen der Anklagebehörde, so kann diese entweder Anklage erheben oder die Eröffnung der Voruntersuchung beantragen, wenn solches gesetzlich vorgeschrieben ist, bezw. wünschenswerth erscheint.

Der Voruntersuchung fällt dann die Aufgabe zu, das gesammte Material übersichtlich zu gruppiren, der Vertheidigung den erforderlichen Einfluß zu gewähren, dem Staatsanwalt die Entscheidung zu erleichtern, ob Anklage zu erheben, dem Gericht, ob das Verfahren zu eröffnen ist.

Dem Prinzipe der Mündlichkeit entsprechend müßte die Voruntersuchung in mündlicher Verhandlung unter Zuziehung der Staatsanwaltschaft und des Beschuldigten bezw. seines Vertheidigers erfolgen. Die Ladungen könnten in vereinfachter Form geschehen; mündliche Bestellung durch Polizei- oder Gerichtsunterbeamte müßte als wirksame Zustellung gelten. Die Verhandlung wäre summarisch und informatorisch ohne Vereidigung der Zeugen zu führen, es sei denn, daß die Vereidigung ausnahmsweise zur Erzielung wahrheitsgemäßer Aussage erforderlich erscheint.

Der Beschuldigte wäre zum Wort zu verstatten, insbesondere auch, um sich über die Aussagen der Belastungszeugen zu erklären.

Werden weitere Beweismittel geltend gemacht, deren sofortige Erhebung nicht möglich ist, so müßte eine Vertagung zur Fortsetzung der Verhandlung und Beschlußfassung stattfinden ohne Zwang, die bisher schon gehörten Personen nochmals zu hören. Nur dem Beschuldigten wäre Gelegenheit zur Anwesenheit in jedem Termin zu geben.

Von ausführlicher Niederschrift der Zeugenaussagen in der Voruntersuchung, sofern sie nicht beeidet sind, kann unbedenklich Abstand genommen werden; ein Referat, bezw. eine Registratur des Richters dürfte völlig ausreichen. Die Voruntersuchung könnte unbedenklich öffentlich geführt werden, da von der Theilnahme des Publikums und der unteren Polizeiorgane eher Aufklärung als Verdunkelung des Thatbestandes zu erwarten ist. Immerhin ist die Forderung der Oeffentlichkeit, wenn auch empfehlenswerth, doch kein Essentiale eines modernen Prinzipien entsprechenden Verfahrens.

Zum Schluß der Verhandlung wäre seitens des Staatsanwalts mündlich Anklage zu erheben, vom Untersuchungsrichter ein sorgfältig motivirter Beschluß über Eröffnung der Hauptverhandlung oder Einstellung des Verfahrens zu erlassen. Die Ausarbeitung eines Anklageschriftsatzes kann entbehrt werden; dagegen wäre der Eröffnungsbeschluß nicht nur auf die Wiedergabe einer Legalformel mit hinzugefügter Ortsbezeichnung und Zeitangabe zu beschränken, vielmehr sorgsam zu motiviren. Insbesondere müßten diese Eröffnungsbeschlüsse einfach stilisirt und auch dem Ungebildeten verständlich sein. Die heute übliche Form erschwert durch ihre Geschraubtheit das Verständniß sehr erheblich, verletzt mitunter auch gesundes Sprachgefühl empfindlich. So ist beispielsweise die allgemein gebrauchte Eröffnungsformel wegen versuchten Betruges eine sprachliche Ungeheuerlichkeit, welche bei allen Nichtjuristen gerechtes Kopfschütteln erregt.

Es kann gegen ein so geordnetes Verfahren mit Recht nicht der Vorwurf erhoben werden, daß es die Hauptverhandlung antizipire. Denn es handelt sich in demselben um die Frage, ob ein dringender Verdacht einer strafbaren Handlung vorliegt, und diese Frage soll nur summarisch entschieden werden.

Die Verhandlung findet nicht vor dem vollbesetzten Gericht, sondern nur vor dem Untersuchungsrichter statt; sie erstreckt sich nicht auf Nebenfragen wie Schuldausschließungsgründe, nicht auf das Maß der individuellen Verschuldung als Grundlage der Strafabmessung. Andrerseits giebt eine gedrängte, gemeinsame Vorführung des gesammten Beweismaterials in mündlicher Verhandlung, mag dieselbe auch noch so summarisch erfolgen, der Staatsanwaltschaft und dem Angeklagten ein ganz anderes Bild der Sache als es die heutige geheime und schriftliche Voruntersuchung thut. Und die gewonnene Klarheit kann der Hauptverhandlung nur zu Gute kommen.

Eine andere erwägenswerthe Frage bliebe es dann allerdings noch immer, ob nicht im Falle des Geständnisses des Angeklagten mit seinem und der Staatsanwaltschaft Einverständniß die Aburtheilung sofort vor dem Untersuchungsrichter erfolgen könnte.

Eine nach obigen Grundsätzen geänderte Strafprozeßordnung würde zahlreichen Beschwerden über die Strafrechtspflege die Spitze abbrechen.

Druck von Leonhard Simion in Berlin SW.

FSC
www.fsc.org
MIX
Papier | Fördert gute Waldnutzung
FSC® C083411

Kolibri 360 GmbH
Ferdinand-Jühlke-Straße 7
99095 Erfurt, Deutschland
produktsicherheit@kolibri360.de